Lieber Gott, hör uns mal zu ...

Gebete von Kindern – Gebete für Kinder

Gesammelt, mitverfasst und herausgegeben
von Albert Wieblitz

Lieber Gott, hör uns mal zu ...

Gebete von Kindern – Gebete für Kinder

Gesammelt, mitverfasst und herausgegeben von Albert Wieblitz

LVH

Bibliografische Information Der Deutschen Bibliothek
Die Deutsche Bibliothek verzeichnet diese Publikation in der Deutschen Nationalbibliografie;
detaillierte bibliografische Daten sind im Internet über http://dnb.ddb.de abrufbar.

www.lvh.de

Umschlaggestaltung, Layout und Satz: Andreas Klein, freeStyle grafik, Hannover
Typographie: Gesetzt aus der Thesis/The Sans und Slimbach
Fotos: Vera Kasten, Andreas Klein, Adelheid Niefind-Wieblitz
Druck und Bindung: MHD Druck und Service GmbH, Hermannsburg

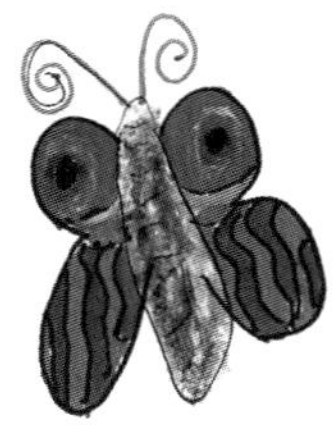

LVH
Eine Aktion des Lutherischen Verlagshauses
in Zusammenarbeit mit der
Arbeitsstelle Kindergottesdienst

Kirche mit Kindern
Arbeitsstelle Kindergottesdienst im Haus kirchlicher Dienste

Mit freundlicher Unterstützung von:

Bahlsen · Hannoversche Bibelgesellschaft · Evangelische Kreditgenossenschaft eG – Partner von Kirche und Diakonie · Faber-Castell since 1761 · Getränke Staude · MHD Druck und Service GmbH

Geleitwort

Meine Lieblingsgeschichte in Sachen Kindergebet ist »Das doppelte Lottchen« aus den 50er Jahren. Die beiden Mädchen stehen zitternd vor der Tür, während die Eltern drinnen verhandeln, ob sie zusammenbleiben können. Die eine sagt zur anderen: Du, jetzt müsste man beten, weißt du eins? Die andere sagt: »Komm Herr Jesus, sei du unser Gast und segne, was du uns bescheret hast.«

Das ist zwar lustig, zeigt aber, dass die Mädchen zumindest ein Gebet greifbar hatten, sie wussten beide, dass sie sich an Gott wenden können. Die Kindergebete in diesem Buch sind zum Teil sehr ergreifend. Sie zeigen etwas von Ängsten und Traurigkeiten, aber auch Beispiele von Glück und Dankbarkeit.

Über das Projekt freue ich mich sehr. Mir ist wichtig, dass wir unseren Kindern die Möglichkeit zum Beten eröffnen, ihnen Mut machen, sich an Gott zu wenden. Gott hört zu. Auch da, wo du keinen anderen Menschen findest, ist Gott für dich da. Das ist eine wichtige Botschaft für Kinder in unserer Zeit.

»Lasset die Kinder zu mir kommen und wehret ihnen nicht« – Jesus hat diese Möglichkeit ganz besonders eröffnet. So wünsche ich dem Buch weite Verbreitung, die Kinder ermutigt und Erwachsene nachdenklich macht.

Landesbischöfin Dr. Dr. h.c. Margot Käßmann,
Schirmherrin der Aktion »Lieber Gott, hör uns mal zu ...«

Einblick in Kinderseelen

Überwältigend war die Resonanz auf die Aktion »Lieber Gott, hör uns mal zu ...«

Das Lutherische Verlagshaus und die Arbeitsstelle Kindergottesdienst im Haus kirchlicher Dienste in Hannover verschickten zunächst Plakate an Schulen, Kindertagesstätten und Kirchengemeinden. Die Kinder waren eingeladen, ihre Gebete zu schreiben und an den Verlag zu schicken.

Mehrere tausend Kinder aus Schulklassen, Kindergärten und Kindergottesdiensten haben sich daran beteiligt. Sie malten Bilder, schrieben ihre Gebete auf und manchmal notierten sie auch dazu, wann und wie sie beten.

Oft hatte ich beim Lesen der Gebete das Gefühl, in die Tiefen der Kinderseelen hineinblicken zu dürfen. Geheime Wünsche, Träume und Hoffnungen, aber auch Ängste und Nöte waren da festgehalten. Ich bin dankbar, dass mir dieser Zugang zu den Gedanken der Kinder gestattet wurde.

In diesem Buch finden Sie viele hundert Gebete von Kindern zu ganz unterschiedlichen Themen. Die Rechtschreibung wurde behutsam angepasst, wobei der kindliche Sprachcharakter gewahrt bleiben sollte. Die Texte wurden sehr vorsichtig oder gar nicht verändert.

Jeder Themenbereich wird durch Gebete eingeleitet und abgeschlossen, die von mir geschrieben wurden, und die allein oder in der Familie gesprochen werden können.

Da viele Kinder wunderschöne Bilder zu ihren Gebeten gemalt haben, finden auch sie in diesem Buch ihren Platz. Alle Gruppen, die sich in welcher Form auch immer an der Aktion beteiligt haben, werden auf den letzten Seiten dieses Buches genannt.

Die Auswahl der Gebete, die abgedruckt werden sollten, fiel schwer. Es war uns wichtig, ein möglichst breites Spektrum hier aufzunehmen. Für alle Gebete reichte der Platz allerdings nicht. Dort, wo die Kinder ihren Namen unter die Gebete geschrieben haben, haben wir – zumindest den Vornamen – stehen gelassen.

Alle eingesandten Gebete werden gut aufgehoben. Das versprechen wir, denn die Texte und die Bilder sind für uns so etwas wie ein Schatz, der uns anvertraut wurde.

Wir von der Arbeitsstelle Kindergottesdienst und vom Lutherischen Verlagshaus Hannover sind dankbar für die breite Unterstützung, die diese Aktion gefunden hat; angefangen bei der Schirmherrin, der Landesbischöfin Margot Käßmann, über die Lehrkräfte an den Schulen und die Erzieherinnen und Gruppenleiterinnen bis hin zu den Sponsoren, die Geschenke für die beteiligten Gruppen gestiftet haben.

Vor allem aber sind wir den vielen Kindern dankbar, die uns ihre Gebete geschickt haben.

Erneut haben wir eine Entdeckung gemacht: Wir können uns anstecken lassen von den Kindern, von ihrem Glauben und ihrem Vertrauen, denn das schimmert vor allem durch ihre Texte hindurch.

Die Lehrerin einer Grundschule in Niedersachsen hat einen Begleitbrief zu den Gebeten der Kinder geschrieben:

Zunächst möchte ich Ihnen im Namen meiner vier Religionsklassen ein ganz fröhliches »Super!« für die Idee zurufen, ein Buch mit Gebeten von Kindern für Kinder zu gestalten, weil: »Was Erwachsene beten, versteh' ich oft gar nich', die reden immer so komisch.« (Zitat eines Jungen aus dem ersten Schuljahr).

In den Klassen 2 und 3 ergab sich bei unseren Vorbereitungsgesprächen immer wieder, dass: »die Großen ja auch ganz andere Sorgen haben als wir« und: »Die beten sowieso nicht so oft und wenn, dann nur mal in der Kirche bei 'ner Hochzeit oder so.« Einige meiner Schützlinge fanden es toll, dass sie ihre Anliegen »ohne so Reime« (Zitat aus Klasse 1) aufschreiben durften. Dieses Schuljahr bestand auch darauf, die Gebete auf selbst ausgeschnittene Herzen zu übertragen, die ich dann auf einen gelben Untergrund kleben sollte. Begründung: »Wenn wir beten, muss das aus'n Herzen kommen, sonst isses doch Beschiss, nicht? Und die Pappe unter'e Gebete soll gelb sein, weil Gott auch so ganz doll hell is', wie 'ne Sonne.«

Mit diesen Gedanken will ich schließen und die Arbeiten »meiner« Jungen und Mädchen zu Ihnen auf die Reise schicken. Wir alle hoffen sehr, dass unsere Beiträge zu Ihrer Aktion noch rechtzeitig ankommen und vielen anderen Kindern (und Erwachsenen!) als Anregung dazu dienen mögen, das mit dem Beten mal wieder zu überdenken und zu versuchen, denn: »Beten is' voll in, weil, wenn man nich' betet, hat man ja gar keinen zu dem man reden kann, wenn keiner für einen da is'.« (Zitat aus Klasse 3a)

Da bleibt nur noch zu sagen: Amen – so ist es.

Albert Wieblitz
Im Sommer 2003

Was Bilder und Texte sagen

Die Bilder in diesem Buch stehen jeweils am Anfang eines Abschnitts. Sie wollen anregen und herausfordern zum Weiterdenken. Manchmal muss man um die Ecke denken, um den Bezug zum Thema zu finden.

Die Gebete von Kindern waren nicht immer klar zuzuordnen. Dennoch findet sich auch dort häufig ein Sinnzusammenhang mit dem Abschnittsthema. Es sind authentische Kindergebete, wie sie in dieser Fülle noch nie zusammengestellt wurden.

Einige Texte sind als Eltern- oder Familiengebet gedacht, sie stehen jeweils am Ende eines Abschnitts.

Verstehen Sie alle Gebete in diesem Buch bitte als Anregung und Hilfe. Am schönsten wäre es, wenn Sie mit Ihren Kindern eigene Worte finden zu den Themen und Geschehnissen, die sie bewegen.

Wenn Sie also die Hände falten und mit Ihren Kindern beten, dann nehmen Sie Gott in Ihre Mitte. Dazu möchte Ihnen dieses Buch Mut machen.

Ich habe Lust am Leben

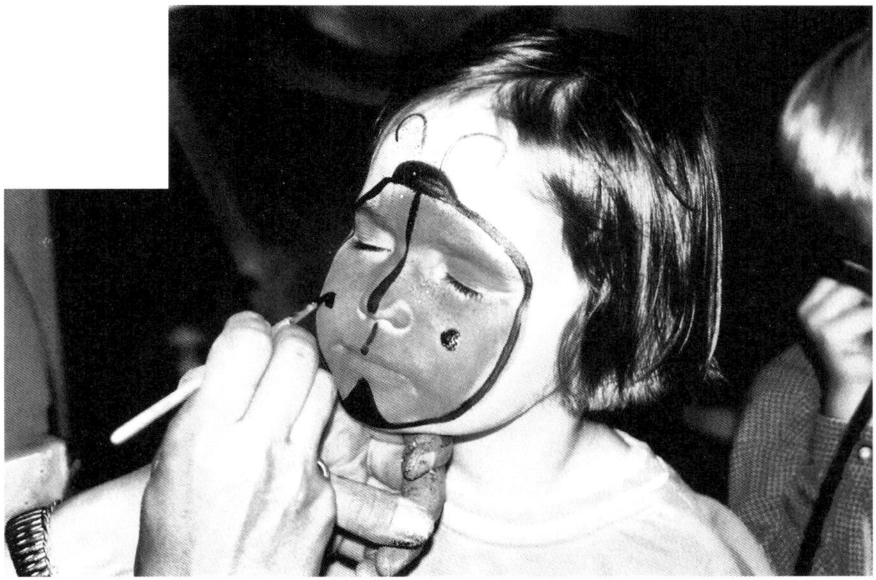

Das Leben ist schön.
Es gibt so viel Buntes und Fröhliches.
Es gibt so viel, was uns zum Lachen bringt.
Du hast uns das Leben geschenkt.
Danke, lieber Gott.

Gott,
du meinst es gut mit mir.
Ich habe oft allen Grund, dankbar zu sein.
Darum: Danke, lieber Gott.

Lieber Gott,
wir danken dir für alle Freude,
für jedes Lachen
und für jede glückliche Stunde.
Du willst uns behüten und bewahren.
Darauf können wir vertrauen.
Amen

Lieber Gott,
manchmal ist das Leben leicht.
Ich habe dann viel Grund zum Lachen.
Ich merke, dass Menschen mich gern haben.
Darüber freue ich mich.
Amen

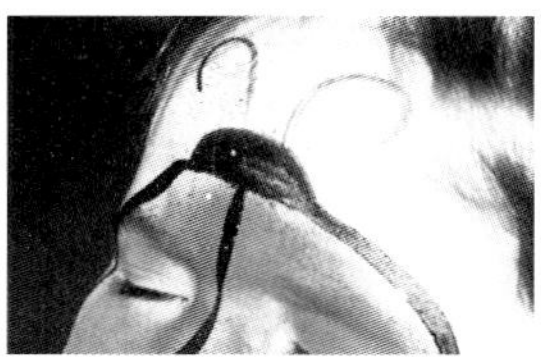

Danke, Gott, ... für den Regen und für die Sonne, für meine Schwester Maja, dafür, dass es Blumen gibt, für das Fahrrad, für Wärme und Musik. Danke, Gott, ... für schöne Träume, für meine Mama und meinen Papa, dass ich Geburtstag habe.

Nina

Lieber Gott! Kannst du machen, dass mein Vater nicht gegen Katzen allergisch ist. Ich danke dir sehr, dass ich auf der Welt bin. Ich finde das nicht schön, dass es gute und böse Menschen gibt.

Julia

Lieber Gott! Heute ist ein schöner Tag. Ich, Lisa und Annika haben Ticker gespielt. Wir haben ganz viel gelacht. Amen.

Janina

Lieber Gott! Danke für das frische Wasser und Brot, für das schöne Leben und Gesundheit dabei. Ich danke dir auch dafür, dass es Mama besser geht. Amen.

Matthias

Lieber Gott, ich danke dir, dass mein Bruder so lustig und gesund auf die Welt gekommen ist.

Vladi

Lieber Gott! Ich wollte dir danken, dass ich so nette, liebe und fürsorgliche Eltern habe. Sie sind die besten Eltern der Welt. Manchmal bin ich zwar wütend auf sie, aber sie sind trotzdem sehr lieb. Amen.

Mareike

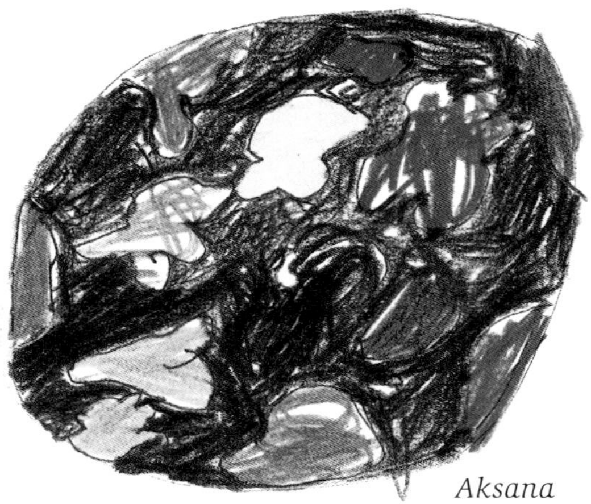

Aksana

Lieber Gott, danke dafür, dass ich auf der Rückfahrt vom Timmendorfer Strand heil angekommen bin. Und noch mal danke, dass mich der große Hund in Timmendorf nicht gebissen hat. Jetzt habe ich noch einen letzten Dank. Danke, dass ich mich auch immer richtig satt essen kann.

Lukas

Wenn ich fröhlich bin, bete ich: Lieber Gott, ich habe heute einen tollen Tag verlebt, die Sonne war schön warm und ich habe viel gespielt. Dafür danke ich dir! Außerdem finde ich es gut, dass du den ganzen Tag bei mir warst.

Vanessa

Lieber Gott, ich danke dir, dass die Sonne scheint und dass es allen aus meiner Klasse wieder gut geht. Ich hoffe, es geht dir auch gut. Amen.

Malte

Lieber Gott, ich freue mich, weil ich glücklich bin. Ich freue mich, dass ich ein halbes Jahr keine Verletzungen hatte. Ich freue mich, weil schönes Wetter ist. Ich freue mich, dass ich einen kleinen, lieben Bruder habe.

Marius

Danke für die tolle Welt, es ist schön auf der Welt. Alle sind ganz lieb zu mir. Danke, Gott.

Akim

Lieber Gott, du bist lieb, weil du meine Schwester auf die Welt gebracht hast.

Tim

Lieber Gott, ich danke dir, dass ich geboren bin. Bitte, Herrgott, hilf mir, dass die Kinder in meiner Klasse mich mögen. Amen.

Sascha

Lieber Gott, ich danke dir, dass du für mich da bist, ob es morgens oder abends ist. So möchte ich auch bei dir sein. Ich danke dir, dass es mich gibt. Amen.

Lisa

Lieber Gott, danke, dass meine Mutter und mein Vater sich getroffen haben und geheiratet haben. Danke, Gott, dass ich den Fisch gefangen habe.

Christoph

Ich danke Gott, dass es die Welt gibt.

Lieber Gott, ich freue mich, dass wir zusammen spielen, dass ich Seil springen kann, wenn die Sonne scheint. Lieber Gott, danke, dass ich mich freuen kann.

Lara-Marie

Lieber Gott, mach, dass ich immer gesund bleibe,
und morgen wieder schönes Wetter ist. Amen.

Lars

Mein Herr, ich muss dir danken, dass du mir Leben gibst. Für alle guten Gaben und dass ich gesund bin. Mein Herz und meine Seele, sage mir, wohin mein Weg mich führt. Eine nette Familie unterstützt mich, wenn ich Probleme habe.
So etwas gibt es nur von dir. Danke. Amen.

Laura

Corinna

Lieber Gott, der Tag war echt klasse. Amen.
Super, Gott, dass es die Schule gibt. Unsere Lehrerin ist cool. Amen.

Steffen

Danke, dass es Bagger gibt.

Jannes

Lieber Gott, das Jahr war schön. Ich bin in diesem Jahr zur Schule gekommen, war fast immer guter Laune und das soll nächstes Jahr auch so sein. Amen.

Emma-Marie

Lieber Gott, ich danke dir, dass du uns hilfst beim Lernen.

Miriam

Lieber Gott, liebe nicht nur mich und meine Eltern, sondern auch die Menschen im Krieg und die Menschen in Not und auch die Menschen in Hungersnot. Amen.

Lieber Gott, wir danken dir, dass du so ein großes Herz für uns hast.

Danke, lieber Gott, für die schönen Märchen.

Tabea

Lieber Papi im Himmel, ich danke dir für die Schule und für das Lesen. Ich danke dir für das Leben. Amen.

Patrick, Marvin, Carolin

Ich bete für meine Familie. Ich bete, weil ich glücklich bin.

Christina

Lieber Gott, ich wünsche mir, dass meine Rennbahn wieder aufgebaut wird. Ich wünsche mir, dass die Sonne wieder scheint. Ich wünsche mir, dass mein Freund Sascha bei mir schlafen kann.

Kevin

Lieber Gott, ich möchte
Mama helfen können.
Ich koche mit ihr gern.
Amen.

Guter Gott,
du bist liebevoll und fürsorglich,
väterlich und mütterlich.
Du willst unsere Lust am Leben wecken
und unser Vertrauen zum Leben stärken.
Lass uns daran denken,
wenn wir deine Schöpfung bestaunen
und wenn wir mit anderen Menschen zusammen sind.
Wir wollen auch miteinander
liebevoll und fürsorglich leben.
Amen

Ich spüre die Fülle des Lebens

Lieber Gott,
das war heute ein schöner Tag.
Wir haben viel Gutes erlebt.
Wir freuen uns und sind dankbar.
Amen

Lieber Gott,
ich danke dir für alles Gute,
was ich erlebe.
Ich habe Menschen, die mich lieb haben.
Ich habe ein Zuhause
und ich kann mich satt essen.
Amen

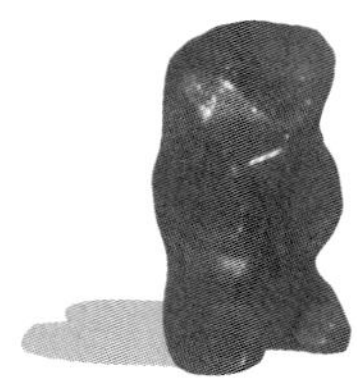

Lieber Gott!
Bei dir gibt es keine Zensuren.
Das ist gut.
Amen

Lieber Gott,
heute geht es mir richtig gut.
Alles klappt.
Ich freue mich, dass ich nicht allein bin.
Das Leben ist schön.
Amen

Lieber Gott, ich danke dir für jeden schönen Tag und dass du mich beschützt. Beschütze mich auch in der Nacht und lass mich morgen früh frisch und munter wieder aufstehen. Amen.

Annemarie

Lieber Gott, ich danke dir, dass wir was zu essen haben und ich dank dir, dass ich eine nette Mutter habe, die mir immer meine Wäsche macht und die mir Essen kocht. Und ich danke dir, dass ich auch nette Freunde habe, die mir helfen in großer Not. Und dass ich auch einen netten Vater habe, der immer mit mir Fußball spielt und er übt immer Englisch. Danke.

Kevin

Guter Gott im Himmel, wir danken dir für unser gutes Essen und bitten dich, uns Tag und Nacht zu beschützen. Wir danken dir auch für das Korn, was wir ernten, und bitten dich, dass Frieden auf Erden sei. Amen.

Hendrik und Sören

Ella

Lieber Gott! Ich freue mich, dass ich liebe Eltern habe und ich finde meine Geschwister ganz in Ordnung. Ich finde das gut, dass mein Papa eine Arbeit hat. Das ist gut, dass wir zur Schule gehen können. Danke für alles. Amen.

Corinna

Lieber Gott, ich danke dir für das Essen und auch für das Trinken, ich danke dir für alles. Amen.

Anika (Ich bete dieses Gebet, wenn meine Oma zu Besuch da ist.)

Lars

Danke, Gott, dass es Freunde gibt, danke für die Sonne, die tagsüber scheint. Danke dafür, wenn wir krank werden, dass wir wieder gesund werden. Danke für die Natur, und die Luft zum Atmen. Danke für das Essen, was wir täglich verzehren können. Amen.

Leonie

Lieber Gott. Heute ist ein schöner Tag. Meine Freundinnen und ich haben gut gespielt. Danke, dass wir gut gespielt haben. Amen.

Lisa

Lieber Gott, ich finde dich sehr nett, dass du mir hilfst und dass ich immer mehr Freunde bekomme.

Tobias

Lieber Gott, danke für das Essen für den heutigen Tag. Lass mich heute Nacht gut träumen.

Sabrina

Lieber Gott, es war ein schöner Morgen. Wir haben einen Ausflug gemacht. Ich danke dir, lieber Gott.

Mirco

Ich kann voltigieren, ich freue mich, dass ich lebe, ich freue mich, dass du mich magst, ich freue mich, dass ich gesund bin.

Theresa

Danke, Gott, für das Freibad.

Marcel

Lieber Gott, danke, dass ich Freunde habe und eine Schwester habe. Amen. Lieber Gott, danke, dass es mich gibt. Amen. Lieber Gott, ich wünsche mir ein Pony. Amen.

Claudia

Lieber Gott, ich danke dir, dass heute die Sonne scheint, dass ich heute gut geschlafen habe.

Daniel

Lieber Gott, danke für die leckeren Nudeln, die meine Mutter mir immer kocht. Lieber Gott, danke für die tollen Löwen, die immer so laut brüllen.

Timo

Lieber Gott, ich danke dir, dass wir jeden Tag etwas zu essen und zu trinken bekommen. Danke, dass mir noch nie etwas Schlimmes passiert ist. Ich möchte hier nie Krieg haben.

Jascha

Ich danke dir für das Brot, was wir täglich bekommen. Ich danke auch für die Kleidung, die ich tragen kann. Und ich danke dir, dass ich lieben kann. Außerdem danke ich dir, dass ich leben darf. Ich danke dir einfach für alles, was wir haben. Amen.

Jennifer (Ich bete, wenn ich aufstehe und wenn ich ins Bett gehe.)

Lieber Gott, ich heiße Jonas. Ich danke dir für meinen Namen und dass meine Familie so viel zu essen hat. Mach, dass nie wieder Krieg ist.

Jonas

Lieber Gott, bitte mach, dass die Menschen nicht mehr die Robben töten und sagen, dass die Robben uns den Fisch wegessen. Ich freue mich auf morgen. Ich hab mir heute in der zweiten Stunde den Finger am Zeichenblock wehgetan, meinst du, dass er in Mathe wieder gut ist? Danke, dass wir genug zu essen haben. Amen.

Marc-Pascal

Danke für die Kleidung. Gott, ich danke für Kleidung. Ich danke dafür, dass ich sie anziehen darf. Sie halten schön warm und mach bitte, dass alle Menschen Kleidung haben. Ich danke für Essen. Ich danke für Brot. Ich danke für Wurst und Käse. Ich danke auch für Milch, Saft und Limonade. Gott, hilf der Welt. Gott, mach bitte, dass die Welt so wie sie war wieder wird. Sie ist nicht mehr so wie sie war. Mach es bitte, sie war früher viel schöner.

Silwie

Lieber Gott, ich danke dir für diesen schönen Tag. Ich habe viel gespielt, und gelacht und jetzt kommt bald die Nacht. Behüte mich in dieser Nacht und schenk mir guten Schlaf. Amen.

Lara

Lieber Gott, ich möchte mich bei dir bedanken, weil, als ich mit meinem Freund Julian mit Inlinern einen steilen Berg herunterlief und hinfiel, hatte ich Glück gehabt. Weil ich einen Helm, aber keine Schützer anhatte. Julian hingegen hatte Handschützer an, aber keinen Helm auf. Wäre es andersrum gewesen, wäre es schlimmer ausgegangen, weil ich mit dem Helm aufschlug. Dafür möchte ich dir nochmals danken.

Sören

Lieber Gott, ich danke dir, dass du uns alles gibst, was wir brauchen, dass wir Eltern haben und wir in einem warmen Bett schlafen können. Danke für alles, lieber Gott. Amen.

Kirsten

Wir ehren die Butter, wir ehren das Brot, wir halten zusammen auch in ganz großer Not. Herr, ich danke dir für meine Eltern. Sie haben mich lieb und sorgen für mich. Halte sie gesund, lass sie glücklich sein und segne uns alle.

Jan

Danke, lieber Gott, für meine Eltern, die sich lieb haben.

Johannes

Lieber Gott, danke für Essen und Trinken. Bitte, dass wir gesund sind. Lieber Gott, danke, dass die Blumen rot sind.

Sarah Caro Lin

Lieber Gott, ich danke dir für das Leben und das Eis.

Peter

Lieber Allah, ich will ein schönes Leben haben.
Lieber Allah, ich will zur Türkei fahren. Amen.

Oguzahn

Sara

Mörgengebedd
Wat schient de Sünntje al hell un warm, un killert mi over't Gesicht und Arm. Verswunnen is de düster Nacht, en heller Lücht hett mi upwaakt. Ik spring' nu gau herut ut Bedd, em kieken, of Mama al'n Stück Brood smeert hett. Ik dank di van Harten, du leeve Gott, denn du passt elke Nacht för mi up. Amen.

Lieber Gott, ich dank dir dafür, dass ich schon alles habe. Amen.

Jurina

Ich danke dir für alles, was ich schon habe. Ich wünsche mir noch, dass ich in Ruhe weiterleben kann.

Katharina

Lieber Gott, lass viele Äpfel wachsen, damit ich jeden Tag einen Apfel essen kann und so gesund bleibe.

Julius

Lieber Gott, beschütze mich. Amen. Lieber Gott, mach, dass meine Mutter und mein Vater mich nie verlassen. Amen.

Lieber Gott, ich wünsche meinen Eltern, meinen Geschwistern, mir und meinen Verwandten ein langes Leben. Ich danke dir für das Brot, das Wasser, Getreide, die Kartoffeln, die Bohnen und all das, was wir zum Trinken und Essen haben. Ich möchte keinen Krieg mehr. Ich möchte Frieden.

Okka

Lieber Gott, ich freue mich, wenn ich bei meinem Nachbarn Heinz bin, die Kühe am Melken bin, dann macht es mir ganz viel Spaß. Dann füttere ich mit Heinz die Kühe. Amen.

Philipp

Jesus hat zu seinen Freunden gesagt:

Ihr seid das Salz der Erde.
Damit meint er: Ihr Menschen,
die ihr mit Gott rechnet, seid nicht bedeutungslos.
Ihr könnt etwas bewirken.
Guter Gott,
wir bitten dich,
lass uns entdecken,
wo wir in dieser manchmal faden
und geschmacklosen Welt,
wie Salz sein können.
Wir wollen erkennen, wo unsere Hilfe nötig ist
oder wo wir widersprechen müssen.
Mach uns zu Menschen,
die sich nicht mit süßen Worten abspeisen lassen.
Wir bitten dich für alle Menschen,
die unter Krieg, Verfolgung und Not leiden.
Zeige allen Menschen den Weg zum Frieden.
Amen

Ich bin ein Teil
von Gottes Schöpfung

Lieber Gott,

wir freuen uns über den Frühling,
wir sehen die Blumen, die du wachsen lässt,
die Bäume, die grün werden,
die Sonne, die uns scheint.
Du hast uns beschenkt.
Wir haben Freude am Leben.
Amen

Lieber Gott,

viele Dinge sind am Anfang winzig klein.
Samenkörner in der Erde,
kleine Tiere
und auch Menschenbabys.
Sie sollen wachsen und groß werden.
Gott, du hast diese Welt gut geordnet.
Amen

Ich bin wieder zurück,
guter Gott,
die Ferien haben mir gut getan,
die Erholung habe ich genossen,
die Sonne habe ich gespürt.
Jetzt beginnt wieder der Alltag.
Ich muss mich neu zurechtfinden.
Sei du dabei.
Ich möchte die guten Erinnerungen bewahren.
Begleite mich auf den Wegen,
die vor mir liegen.
Amen

Lieber Gott,
manchmal ist das, was groß und schön wird,
erst noch versteckt und verborgen.
Alles braucht seine Zeit.
Und ich brauche Geduld.
Amen

Großer Herr, ich danke für die Schöpfung, für Tiere und Pflanzen, für Mond und Sterne, für Himmel und Erde. Ich danke für Sand und Strand, für Brot und Wein, für Tag und Nacht, ich danke, dass du uns geschaffen hast. Amen.

Sarah (Ich bete in meinem Zimmer, immer wenn ich Lust habe.)

Danke, Gott, Blume, Sonne, Freunde, spielen, malen, Schule, Tiere, danke.

Hilke

Morgengebet: Wie fröhlich bin ich aufgewacht, wie hab ich geschlafen so gut die Nacht. Hab Dank im Himmel, du Vater mein, dass du hast wollen bei mir sein. Behüte mich auch diesen Tag, dass mir kein Leid geschehen mag. Amen.

Lieber Herr! Ich danke dir für alles, was du mir gegeben hast: die Kleidung, das Essen und für das Trinken, und alles andere, was du mir gegeben hast. Lass die Menschen einsehen, dass der Krieg nichts nützt. Frieden ist viel wichtiger. Schenk uns deinen Segen, damit alle Menschen eine Chance haben. Amen.

Eduard

Gott, ich staune über das Kaninchen.
Es ist soooo süß.

Svenja

Hannes

Lieber Gott, wir haben dich lieb. Dein Licht ist in unseren Herzen. Du bist immer bei uns, immer und überall. Du hast alle Menschen lieb, egal wo sie leben und wie sie leben. Ob arm oder reich, ob groß oder klein, ob in der Nähe oder in der Ferne. Wir danken dir für die wunderschöne Welt, die du für uns erschaffen hast. Sie ist so schön mit den vielen Pflanzen und Tieren. Wir bitten dich, lass alle Menschen in Frieden auf deiner Welt leben. Amen.

Großer Herr! Wir loben dich für die Schöpfung, für die Kleider, die wir tragen, für das Brot, dass wir essen, für das Wasser, dass wir trinken, für die Blumen, die blühen, für Bücher, die wir lesen, für die Tiere, die wir streicheln, für die Welt, die du geschaffen hast. Amen.

Anna-Lena (Dieses Gebet bete ich in meinem Zimmer im Sessel.)

Lieber Gott im Himmel! Ich danke dir für die vielen Blumen, auch für den blauen Himmel, für die ganzen Gräser und den Duft von der Natur. Ich möchte, dass die Umweltverschmutzung aufhört. Amen.

Amelie

Lieber Gott, hör uns mal zu! Lieber Gott, lass die Sonne, den Mond und die Sterne leuchten. Sie geben uns Licht und Wärme, damit wir lachen und fröhlich sein können. Den Regen mögen wir nicht immer leiden, doch die Bäume und Pflanzen brauchen den Regen zum Wachsen. Lieber Gott, wir danken dir, dass wir gesund sind und laufen, hüpfen, springen und schaukeln können. Danke für unsere Freunde, mit denen wir spielen, reden und rumalbern dürfen. Lieber Gott, wir danken dir, dass du dir für uns Zeit nimmst, dass du für uns da bist und dass du uns zuhörst, wenn wir deine Hilfe brauchen. Amen.

Lieber Gott, wir danken dir, dass du alles, was wir sehen, fühlen, hören, riechen und schmecken, geschaffen hast. Danke, dass es uns gibt. Danke, dass wir Freunde haben. Danke, dass wir Brot zum Essen und Wasser zum Trinken haben. Danke, dass wir ein Dach über dem Kopf haben. Wir Menschen sind oft böse. Wir hoffen, du verzeihst. Schicke uns den Frieden und lass' uns von vorne anfangen. Die Sintflut kam von dir, du hast die Menschen bestraft. Du hast uns versprochen, dass du das nicht mehr tust. Als Zeichen hast du uns einen bunten Bogen, den Regenbogen, geschickt. Du hast uns deinen Sohn geschickt, damit er uns Frieden bringt. Amen.

Vater im Himmel, ich möchte deinen Weg gehen. Weil ich dich sehr mag. Ich verfolge ihn, bis ich angekommen bin. Denn du hast die Welt erschaffen, den Tag, die Nacht und alles, was lebt. Dafür danken wir dir. Amen.

Vera

Lieber Gott, danke, dass du mich so wunderschön geschaffen hast. Ich danke dir für meine Augen und für meinen Mund. Amen.

Lisa

Lieber Gott, du hast alles gemacht: die Sonne, den Mond, den Tag und die Nacht, den Himmel, die Erde, das Wasser, den Schnee, die Tiere am Land und die Fische im See, ein Kleid für die Erde: grün, gelb, blau und rot, die Blumen, die Wälder, wir freuen uns, Gott!

Anette

Lieber Gott, du hast mich und die anderen Menschen erschaffen. Dafür freue ich mich. Ich finde es auch toll, dass es die Kirche gibt, in der man zu dir beten kann und Stille findet. Danke, lieber Gott. Amen.

Franziska

Lieber Gott, wir bitten dich, dass arme Menschen genug zu essen haben, dass überall der Krieg aufhört, dass wir in Frieden leben können, dass Papa nicht arbeiten muss, dass Mama nicht mehr so lange Dienstreisen hat, dass meine Schwester gute Noten bekommt, dass die Eltern nicht schimpfen, dass Oma weiter gute Geschichten erzählt, dass Opas Schlaganfall weggeht, dass ich Geschwister bekomme, dass die Schulferien länger werden, dass wir ohne Geld glücklich sein können, dass wir jeden Tag Geburtstag haben, dass unsere Freunde mit uns spielen, dass deine Engel oft zu uns kommen, dass du uns so lieb hast, wie wir dich. Wir glauben an dich. Amen.

Lass die Vögel immer zwitschern. Lass die Katzen immer miauen. Lass die Hunde immer bellen. Lass die Kühe immer muhen. Lass die Schweine immer grunzen. Lass die Pferde immer wiehern. Lass die Hühner immer viele Eier legen. Lass die Enten immer schnattern. Lass die Mäuse immer piepsen. Lass alle Tiere bis an ihr Lebensende glücklich sein. Amen.

Lea

Lieber Gott! Danke, dass du die Welt geschaffen hast, wenn du es nicht getan hättest, dann gäbe es mich, meine Familie, meine Freunde, meine Verwandten nicht. Bitte, Gott, versuche die Welt in Ordnung zu halten, versuche, die Kriege aufhören zu lassen. Danke, Gott, dass es dich gibt. Amen.

Hannah

Meine Ohren können hören das fröhliche Zwitschern der Vögel. Meine Augen können sehen ein Häschen auf dem Hügel. Meine Hände pflücken die bunten Blumen auf der Wiese, meine Beine können laufen schneller als der Riese. Die Menschen, die Tiere und das Land voller Pflanzenpracht hast du, lieber Gott, wunderbar gemacht. Wir danken dir dafür, denn uns gefällt es hier!

Danke für den Schnee im Winter, für die Blumen im Frühling, das Plantschbecken und die Wasserbahn im Sommer und die Blätter im Herbst.

Danke, dass du diese wunderbare Welt erschaffen hast. Ich bin froh, dass ich diese netten Eltern habe. Danke, dass Papa und Mama mich in den Arm nehmen. Danke, dass ich mit einem Freund spielen darf. Danke, wenn ein Wunsch in Erfüllung geht.

Lieber Gott, ich finde die Natur einfach gut. Die Bäume mag ich sehr, weil man da drauf klettern kann. Und die Wiese, weil man da drauf spielen kann.

Alica

Lieber Gott, ich finde die Natur gut. Ich mag besonders die Bäume, weil da Vogelnester mit Vögeln sind.

Sebastian

Lieber Gott, was ist das Geheimnis der Natur? Das Geheimnis der Menschen? Das Geheimnis der Tiere? Bitte schütze die Natur. Bitte mach, dass kein Tier und kein Mensch mehr getötet wird. Danke!

Marina

Danke, lieber Gott, für die Häuser, wo wir drin wohnen, für mein Gehirn, ich meine, für das, was drin ist, für die Sonne, für Schmuckherzen, die finde ich am allerschönsten, für meine Freunde, für die Bäume und die Blumen, für das Licht, sonst kann man ja gar nichts mehr sehen, dass wir zusammen sind, dass du uns was zu Essen und zu Trinken gibst, und frische Luft zum Atmen.

Lieber Gott, ich danke dir, dass du eine Katze für mich erschaffen hast.

Francine

Hoger

Gott, du solltest alle Menschen schützen, weil sie Angst haben vor Hunden, Vögeln und sogar vor einer kleinen Katze.

Vrielmann

Lieber Gott, danke, dass du die ganze Welt hergestellt hast. Und du Eva und Adam und uns hergestellt hast. Und danke, dass du auf der Erde warst.

Anna

Lieber Gott! Wir danken dir für die schönen Waldwochen. Wir haben viel gesehen und entdeckt. Kleine Käfer, große und kleine Spinnen und Ameisen. Du hast alle diese Tiere erschaffen. Hilf uns, dass wir deine Schöpfung nicht zerstören. Hilf uns, dass wir Achtung vor der Natur haben. Hilf uns, dass wir auch weiter die Vögel singen hören, das Gras riechen können, den Himmel sehen können. Amen.

Lieber Gott, Tiere haben Futter. Menschen haben Trinken und Freunde. Blumen haben Nektar für Bienen. Du hast alles geschaffen, bitte sorge dafür, dass alles so bleibt. Amen.

Lena

Danke, dass ich liebe Mäuse habe. Danke, lieber Gott.

Charito

Abendgebet: Die Nacht fängt an in Stadt und Tal. Das Feld weht leise und Gott geht an seine Arbeit. Danke lieber Gott, dass du die Welt behütest. Und uns eine fast ungestörte Nacht bringst. Amen.

Lieber Gott, ich danke für den guten Tag, das Essen, für die Sachen und ich bete für alle Verwandten, Freunde, Tiere. Amen.

Laura

Guter Gott,

wir haben schöne Zeiten miteinander erlebt.
Sie waren gefüllt mit ganz viel Gutem.
Wir haben die Nähe zueinander
und die Freude übereinander genossen.
Es sind nicht immer so gute Zeiten,
das wissen wir.
Wir bitten dich:
Lass uns die guten Erinnerungen bewahren
wie einen Familienschatz.
Lass uns davon zehren,
wenn traurige oder trübe Zeiten sind.
Bleibe du bei uns.
Amen

Ich bin beschenkt

Lieber Gott,

manchmal sagen Mama oder Papa zu mir:
Du bist ein Schatz.
Dann freue ich mich
und bin ein bisschen stolz.
Amen

Guter Gott,

wir danken dir für diesen Tag.
Jeder Tag ist ein Geschenk an uns,
jeder Tag ist wie ein kleiner Schatz.
Segne du unser Zusammenleben
und bleibe uns nah.
Amen

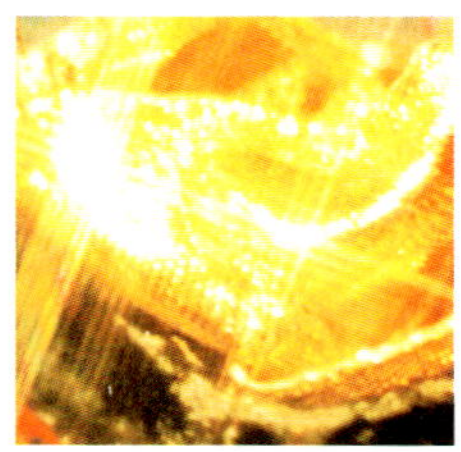

Lieber Gott,
eigentlich bin ich ja reich beschenkt.
Ich habe so vieles in meinem Leben,
für das ich danken kann.
Manchmal merke ich es gar nicht
vor lauter Alltäglichkeit.
Schenke mir offene Augen
für das Besondere.
Hilf mir, die Liebe, die mich umgibt,
nicht als Selbstverständlichkeit zu sehen.
Amen

Guter Gott,
ich habe Freundinnen und Freunde,
ich habe Spielzeug.
Es geht mir gut.
Ich werde behütet.
Danke

Danke Gott für die Musik, für die Wärme, für die Häuser, danke für die Vögel.

Stefanie

Lieber Gott, ich danke dir, dass ich eine Familie habe! Und dass ich genug zum Essen bekomme. Und dass du mich vor all den schrecklichen Sachen beschützt!

Vanessa

Lieber Gott, wir danken dir, dass es große Gärten gibt, in denen wir spielen können und dass wir Häuser mit Betten haben, in denen wir schlafen können.

Wenn ich ins Bett gehe, bete ich so: Kommt die Nacht, bin ich geborgen. Gott wird bei mir sein, ach, ich freu mich schon auf morgen und schlaf fröhlich ein. Amen.

Danke, dass du mir einen Bruder gegeben hast. Amen.

Lieber Gott! Lieber, lieber Gott, ich bete für mich. Ich hab, glaub ich, heute einen super Tag. Ich schlafe heute ausnahmsweise nicht bei meiner Mutter, ich schlafe bei meinem Papa. Amen.

Tobias

Lieber Gott, du schenkst uns immer neue Ideen. Und du gibst uns immer viel Kraft. Amen.

Sabrina und Lina

Dankgebet: Gott sei Dank, vor einiger Zeit, ich sah einen Blitz, der neben mir einschlug, er traf mich nicht. Was für ein Glück ... Bittgebet: Lieber Gott, lass nicht noch einmal zu, dass die Menschen einen Krieg für nötig halten, einen Krieg, der so viele unschuldige Menschen umbringt ...

Nikilo

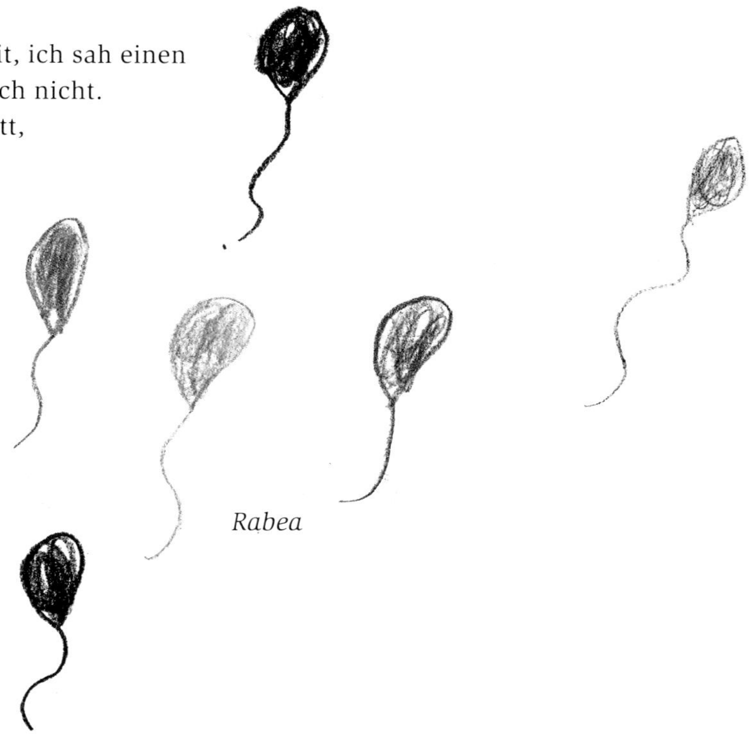

Rabea

Danke, Gott, für die guten Gaben, für das fröhliche, aber auch traurige Leben. Ich hoffe, dass alle Menschen auf der Welt einander helfen, wie Geschwister sich nach einem Streit vertragen und nicht bekämpfen. Danke, Gott, dass du immer bei mir bist. Amen.

Annika

Lieber Gott, ich danke dir, dass wir in den Urlaub gefahren sind und dass du auf mich aufpasst.

Lena

Ja, lieber Vater, ich möchte dich bitten, dass mir heute beim Fußballspielen nichts passiert und dass es nicht regnet. Ich möchte dir danken, dass die Jungschar toll war und dass auf den Jungschartagen alles gut geht. Amen.

Kerstin

Lieber Gott, ich danke dir für die vielen schönen Tage in meinem Leben. Ich bin froh, dass du mich jeden Tag beschützt vor Gefahren. Jeden Tag bete ich zu dir, immer abends bevor ich ins Bett gehe.
Bei dir kann ich meine Sorgen herauslassen.
Ich kann dir alles erzählen, zum Beispiel, dass ich Angst im Dunkeln habe. Ich mag sehr gerne zu dir beten. Essen kriegen wir von dir, Trinken.
Das alles macht uns sehr glücklich. Amen.

Svenja

Lieber Gott, du bist nicht sparsam mit den tollen Sachen: Spielsachen, Essenssachen, Tafeln, Kinder, Blumen, Bäume, Tiere, Tanten, Onkels und Häuser. Danke. Amen.

Nadine

Lieber Gott, du schützt mich, du gibst mir alles, was ich brauche, du bist wie ein Hirte zu mir, dir kann ich alles sagen, ohne dass du so böse zu mir bist. Amen.

Karina

Lisanne

Lieber Gott, ich bin glücklich, dass ich kein Fußball spielen musste, weil wir sowieso verloren hätten.

Lars

Lieber Gott, ich danke dir, dass ich so liebe Eltern habe.

Saskia

Lieber Gott, ich danke dir von Herzen, dass du alles im Sommer blühen lässt. Im Winter gibst du uns Wärme. Danke, dass du uns alle beschützt und allen armen Leuten Liebe und Geborgenheit gibst. Wir haben Hände, wir haben Augen, eine Nase und Ohren. Füße haben wir zum Gehen. Lieber Gott, lass alles so, wie es ist. Amen.

Sarah

Hey Gott! Wie geht's dir? Danke für die Bäume, weil wir sonst schon lange erstickt wären. Danke für die Saurier, die vor 50 000 000 Jahren ausgestorben sind. Amen.

René

Lieber Gott! Ich will dir danken, dass du mich so reich belohnt hast im Leben: Dass ich eine Schwester habe, die mir hilft, und mit der ich fast immer Spaß habe; auch dass ich zwei Eltern habe, die immer für mich da sind; auch dass du mir einen wunderbaren Hund gegeben hast, der gar nicht besser sein könnte; aber auch für meine Freunde, die ich sehr gern mag. Ach, ich danke dir für jedes Lachen wie für jedes Weinen, auch für alles, was mir gelungen ist. Amen.

Hendrik

Lieber Gott, wir möchten dir danken für
den Playmobil-Mannschaftswagen.

Nicolai und Ramona

Eine Gebetsuhr

Morgengebet: Lieber Gott, ich bin gespannt, was der neue Tag mir bringt. Leite mich durch deine Hand, dass der Tag schön wird und mir gelingt.

Tischgebet: Wieder ist es Mittagszeit, und das Essen steht bereit. Was wir haben, kommt von dir. Gott, dafür danken wir.

Abendgebet: Lieber Gott, ich schlafe ein, lass mich ganz geborgen sein. Die ich liebe, schütze du. Decke allen Kummer zu. Kommt der helle Mondenschein, lass mich wieder fröhlich sein.

Wo ich gehe, wo ich stehe, lieber Gott, steh zu mir. Denn ich fühl dich und ich sehe dich in Gedanken. Wenn ich spiele oder auch musiziere bin ich immer fröhlich, denn ich denke an dich. Wenn Weihnachten ist, dann höre ich es, wie die Engelein singen und wie die Glöckchen klingen. Wenn ich ins Bett gehe, dann freue ich mich schon auf den nächsten Tag, denn ich weiß, du bist bei mir.

Marie

Lieber Gott! Vielen Dank, dass du immer für mich da bist! Auch in großer Not bist du für mich da. Es ist schön, dass es dich gibt. Amen. Ich hab dich lieb.

Kerstin

Lieber Gott, ich danke dir, dass mein Radiergummi wieder heile ist.
Ich mag reiten, mein Lieblingspony ist Kamelo. Amen.

Cynthia

Gott sei Dank – und fertig. Amen.

Allison

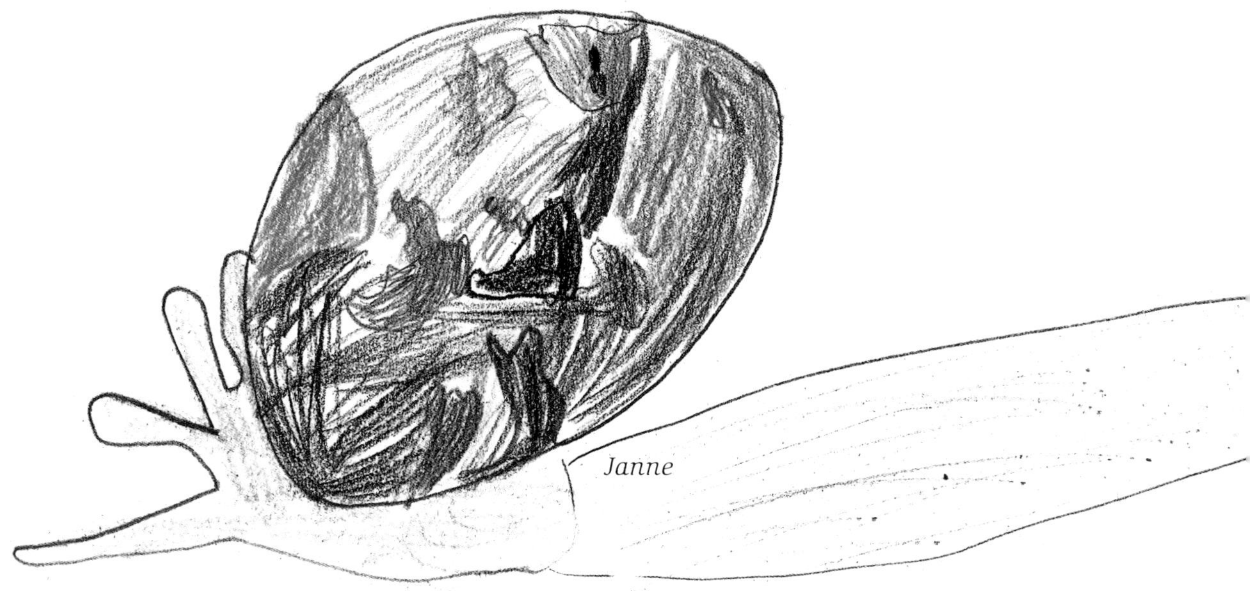

Janne

Gott, du Schöpfer der Welt,
wir danken dir für die Farben des Lebens.
Für die heiteren, hellen und warmen Farben
unseres Lebens,
für die Zeiten des Glücks danken wir
und wir bitten dich um Kraft
für die kalten und bitteren Farbtöne
in unserer Lebenszeit.
Öffne unseren Blick für deine Gegenwart.
Lass uns erkennen,
dass Dein Reich ganz dicht bei uns sein kann,
wenn wir uns in aller Buntheit annehmen
und gegenseitig bereichern.
Amen

Ich staune über das Leben

Guter Gott!
Jeden Tag beschenkst du uns.
Oft merken wir das gar nicht.
Wir haben zu essen. Wir haben es warm.
Wir haben Freunde und Menschen,
die es gut mit uns meinen.
So spüren wir, dass du, Gott, uns lieb hast.
Dafür danken wir dir.
Amen

Lieber Gott,
die Welt ist so vielfältig,
so bunt und spannend.
Vieles verstehe ich nicht.
Gib mir offene Augen und Ohren
für die vielen, vielen Wunder.
Amen

Gott,

ich staune, was es alles so gibt.
Die bunten Schmetterlinge,
klitzekleine Käfer,
riesengroße Berge,
Wolken am Himmel,
die immer wieder anders aussehen.
Fische im Meer, die alle zu wissen scheinen,
wo sie hinwollen.
Ich staune auch über mich selbst.
Ich staune,
dass ich über das Staunen nachdenken kann.
Gott, ich danke dir für das Leben.
Amen

Lieber Gott,

manchmal denke ich:
Die ganze Welt ist voller Wunder
und dass ich lebe
ist auch eines.
Danke

Lieber Gott, ich danke dir für alles Gute, was du getan hast. Ich danke dir auch, dass du meine Probleme gelöst hast. Ich danke dir für mein Leben. Amen.

Jan

Lieber Gott! Ich sage dir: Ich und meine Freundin haben ein neues Spiel gespielt. Amen.

Nicole

Lydia

Ich danke dir Gott. Gott, du bist da, ob Tag, ob Nacht, du bist immer da, wenn Jahre vergehen und wenn Trauer sich verbreitet. Denn die Sonne hat die Hitze gerufen und lässt die Pflanzen verdursten. Aber du, Gott, du lässt die Pflanzen wachsen und gedeihen. *Das Gebet soll ein Dankgebet sein. Wie es mir eingefallen ist: Als die Schreibblätter verteilt wurden, habe ich nach draußen geguckt, da habe ich gesehen, dass es auch schlechte Tage gibt.*

Magdalena

Lieber Gott, ich mag dich, du bist wie ein Vater für mich. Du bist nett, lieber Gott. Amen.

Kai

Lieber Gott, danke, dass Mama und Papa sich wieder versöhnt haben. Amen.

Arne

Lieber Gott, ich danke dir, dass ich in einem so schönen Land wohne und dass fast jeder hier genug zu Essen, Trinken und sauberes Wasser hat. Ich wünsche mir, dass dieses »fast« verschwindet. Mit diesem »fast« meine ich die Obdachlosen und sehr armen Menschen. Aber ich wünsche mir auch, dass es den Tieren gut geht. Ich habe einfach nachgedacht.

Leonie

Lieber Gott! Einige Menschen wissen nicht, was Liebe bedeutet. Doch andere wissen es. Ich danke dir für die schönen Stunden, die ich bisher mit meiner Familie hatte. Bitte gib auch den Menschen, die etwas Falsches getan haben, noch eine Chance, neu anzufangen und den guten Weg zu finden. Bitte hilf auch den Armen, Kranken und Traurigen wieder glücklich zu werden. Amen.

Florian

Lieber Gott, danke, dass ich bei meinem Freund übernachten kann. Danke, dass mich fast jeder mag. Bitte, lass mich mehr Taschengeld bekommen. Bitte, lass mich im Urlaub eine Krabbe fangen. Danke, dass ich schwimmen kann. Amen.

Thies

Wir danken dir Gott, dass wir Häuser haben. Wir brauchen bei Gewitter nicht draußen zu sitzen und im Winter nicht frieren. Bitte gib allen Menschen ein Dach über den Kopf.

Lieber Gott, danke für den Apfel.
Danke für das Fernsehen, Gott.

Sarah

Lieber Gott, wir haben gedacht, dass Susi, unsere Katze, ein Mädchen ist. Aber es war doch ein Junge. Du weißt, dass Kater meistens weglaufen. Aber wir wollen, dass Susi nicht wegläuft. Bitte, Gott, lass Susi bei uns. Amen.

Julika

Lieber Gott, ich danke dir, dass ich die ganze Zeit gesund war. Amen.

Anne-Kathrin

Samia und Magarita

Lieber Gott, ich finde es ganz toll, dass Kinder, die behindert sind, trotzdem glücklich sind. Amen.

Irena-Marie

Lieber Gott, ich hoffe, dass ich meine Freundinnen und meine Familie behalte. Ciao.

Silke

Lieber Gott, ich danke dir für alle die Tage, wo ich glücklich war, vor allen Dingen als mein Lieblingskuscheltier Hasi auf das Dach geflogen ist und Papa trotz seinen Rückenschmerzen meinen Hasen geholt hat. Außerdem habe ich gestern ein 5-blättriges Kleeblatt gefunden. Da habe ich mich natürlich auch gefreut.

Viviane

Lieber Gott, wie geht es dir? Wie erschaffst du die Bäume, die Erde und alles andere? Mir gefällt die Erde. Ich finde es schön, dass es so viele verschiedene Tiere gibt.

Frank

Lieber Gott, ich danke dir, dass du mir bei meiner Krankheit Leukämie geholfen hast, du hast mir die Kraft und die Macht gegeben für ein sehr schönes Leben. Ich habe dir vertraut, geglaubt, dass ich wieder gesund werde. Ich denke, dass ich dir sehr viel bedeute, aber auch die anderen Leute. Dann kam der spannende Tag. Wo die Operation war und wo ich wieder wach war, dachte ich: Hoffentlich ist alles klar. Da kam die Nachricht: Ich war gesund und das habe ich dir nur zu verdanken. Gott, du hast mir geholfen, um die Krankheit zu bestehen. Als ich wieder nach Hause kam, haben wir gefeiert. Ich wusste, dass ich die Krankheit ganz alleine bestehen musste. Du hast mir nur die Macht gegeben. Gott ist immer der wahre Held, das wird mir immer klar sein. Und das ist immer wahr. Und wer es nicht glaubt, der wird es wohl sehen.

Robin

Du, Gott!

Jesus hat mit vielen verschiedenen
Menschen zusammengelebt.
Er hat ihnen zugehört,
er hat mit ihnen geredet oder ihnen geholfen.
Er hat keine Unterschiede gemacht
zwischen arm und reich,
groß und klein,
wichtig und unbedeutend.
Seine Liebe galt allen Menschen.
So wollen wir das auch machen.
Hilf uns dabei.
Amen

Gott, du bist unsichtbar ganz nah

Gott,

wir können dich nicht sehen.
Nicht mit dem Fernrohr
und auch mit dem Mikroskop
finden wir dich nicht.
Aber du bist da.
Du umgibst uns wie die Luft.
Und manchmal – wenn wir genau hinsehen –
entdecken wir deine Spuren in unserem Leben.
Wir vertrauen darauf, dass du bei uns bist.
Amen

Guter Gott,

du bist unsichtbar ganz nahe.
Du hältst mich fest in deiner Hand.
Du gehst immer mit mir.
Darauf hoffe ich.
Amen

Guter Gott,
du meinst es gut mit dieser Welt;
dafür finde ich Zeichen in meinem Leben.
Nichts ist selbstverständlich.
Das Wasser, die Luft und die Erde
sind deine Geschenke.
Die Liebe anderer Menschen, die ich spüre,
die Fürsorge der Eltern;
dass wir miteinander lachen können,
dass wir uns gegenseitig trösten können
und dass wir es gut miteinander meinen.
Der Sonnenschein und der Regen
und dass wir in Frieden leben;
alles das sind deine Geschenke,
über die ich nicht leichtfertig
hinweggehen will.
Amen

Lieber Gott,
hilf uns dabei, deine gute Schöpfung
zu pflegen und zu bewahren.
Amen

Lieber Gott, wir bitten dich, beschütze uns, unsere Eltern und unsere Großeltern, schenke uns allen ein langes Leben.

Marny

Lieber Gott, nun schlaf ich ein, schicke mir ein Engelein, dass es treulich bei mir wacht durch die liebe lange Nacht. Schütze alle, die ich lieb', alles Böse mir vergib, kommt der helle Morgenschein, lass mich wieder fröhlich sein. Amen.

Dieses Gebet kann ich immer beten: Wo ich gehe, wo ich stehe, bist du, lieber Gott, bei mir. Wenn ich dich auch niemals sehe, weiß ich sicher: Du bist hier. Amen.

Lieber Gott, ich bete, dass es meinem Hund im Himmel gut geht und dass es natürlich Gott gut geht und ich hoffe, dass es den armen Menschen gut geht. Die Reichen sollen mal sehen, wie es ist, wenn man nicht so viel Geld hat. Ich danke dir, dass du den Krieg beendet hast.

Louisa

Lieber Gott, beschütze meine Familie, meine Verwandte, Freunde und mich. Amen.

Thomas

Bitte, lieber Gott, mach, dass es meiner Familie zu Hause gut geht.
Lieber Gott, mach, dass ich gesund bleibe und meine Familie auch.

Dana, Anna

Lieber Gott, bitte lass alle Menschen, alte, junge, dicke oder dünne, große und kleine und alle Tiere gesund bleiben. Bitte schütze die ganzen Menschen vor dem Krieg. Amen.

Regina

Lieber Gott, sag mir doch, wie alt du bist. Und ich wünsche mir, dass die Tiere nicht getötet werden. Und dass die Menschen alle gesund sind. Und dass es keine Gewalt mehr gibt.

Marcel

Lieber Gott, du bist da, wenn es uns schlecht geht und wenn es uns gut geht. Du bist einfach immer da. Amen.

Sabrina und Lina

Wo ich bin, bist du auch, lieber Gott, auch wenn ich dich nicht sehe. Du bist immer bei mir. Amen.

Lieber Gott, ich freue mich, dass ich in Gottes Hand liege.

Hannes

Lieber Gott, ich danke dir, dass du immer da bist, wenn wir dich brauchen. Das du uns zuhörst und uns ausreden lässt. Ich danke dir, dass wir fast alle genug zu Essen und Trinken haben. Vielen Dank, dass du mich auf die Erde geschickt hast, ich finde es schön, dass ich lebe! Die Tiere gehören einfach auf die Erde und die Wiesen, Wälder und die anderen Sachen, danke, dass sie da sein können. Amen.

Gina

Lieber Gott, ich kann dich nicht sehen,
aber ich glaube an dich. Amen.

Patrick

Lieber Gott, wie ist es im Himmel und wie gefällt es dir? Mir gefällt es auf dem Boden gut, weil man toben kann. Gott, kannst du auch im Himmel toben? Amen.

Daniel

Lieber Gott, immer wenn ich dich brauche, bist du sofort bei mir. Auch wenn ich dich nicht sehen kann, spreche ich mit dir. Dir verdanke ich, dass ich eine nette Familie und Freunde habe, Gesundheit und noch vieles mehr. Und was dann noch zählt, ist, dass wir uns lieb haben: du und ich und die ganze Welt. Amen.

Elena

Mein bester Freund. Ich bete jeden Abend zu einem Freund, den ich sehr mag. Ich rede mit ihm, ich weiß, dass er mich hört. Ich bete jeden Abend zu einem Freund, den ich sehr mag. Ich erzähle, was heute passiert ist und worauf ich mich freue. Ich bete jeden Abend zu einem Freund, den ich sehr mag. Wenn ich müde werde, sagen wir uns »Gute Nacht« und ich schlafe ein.

Stephanie

Lieber Gott im Himmel, Krieg ist schlecht, da meistens nur die Unschuldigen umgebracht werden, die nichts dafür können. Bitte, versuche es anders zu lösen. Amen.

Franziska

Dank-Bettgebet: Nun geh ich, lieber Gott, zur Ruh und schließe froh die Augen zu. Ich danke dir für diesen Tag, weil ich ihn so gerne mag. Ich bete morgen wieder und singe schöne Lieder. Ich trinke gerne Vilsa Limette, und spiele nicht Marionette. Ich möchte immer artig sein und bin auch nicht mehr klein. Du, lieber Gott, wie du uns liebst! Hab Dank für alles, was du gibst. Du, guter Gott, schenkst alles das. Mein Herz zerspringt vor Freude fast! Amen!

Malte

Lieber Gott! Mein Vater ist in Bayreuth, bitte lass ihn wieder gesund zu uns kommen. Amen.

Jonas

Der Herr ist bei mir. Er hält die Hand über mich. Amen.

Benno

Gott, wo bist du? Ich will dich gerne sehen. Gott, ich bin einsam und traurig. Hilf mir, Gott, bitte, hilf mir. Amen.

Nhan Tai Ly

Lieber Gott, ich danke dir für die gute Nacht. Lieber Gott, beschütze mich auch heute wieder auf dem Weg zur Schule, und lass mich bitte auch heute wieder gut im Unterricht aufpassen.

Katharina

Lieber Gott, beschütze mich an der Bushaltestelle. Lieber Gott, ich möchte gut in der Schule sein. Lieber Gott, beschütze mich in den Pausen, dass ich nicht verletzt werde.

Jennifer

Großer Gott. Du sorgst für alle Menschen auf dieser Welt. Du bist in der Luft, die wir brauchen und einatmen. Du liebst alle Menschen, die guten und die schlechten. Wir hören dich nicht, aber du bist immer da. Wir Menschen sind gute Erfinder, aber du, großer Gott, hast uns Menschen erfunden. Dafür danke ich dir. Wir können riechen, fühlen, schmecken, sehen und wir können andere Menschen lieben. Doch du, lieber Gott, kannst alle Menschen lieb haben. Ich danke dir für alle Sachen, die es auf der Welt gibt. Gute Nacht, lieber Gott. Amen.

Anna

Herr, mein Gott, wie siehst du aus? Wie lebst du?
Warum bist du so allein? Auf all die Fragen gibt es keine Antwort.
Weil du es bist! Nur gute Dinge verraten nichts.

Wiebke

Lieber Gott, bitte lass mich in die 4. Klasse kommen und dass ich meinen Führerschein schaffe. Ich hoffe, dass ich gut in Mathe bleibe und dass ich vor 100 Jahren nicht sterbe. Ich möchte nie einen Unfall haben. Ich freue mich, dass ich zur Schule gehen kann. Ich bin froh, dass es dich gibt und dass ich Eltern habe, die sich um mich kümmern. Amen.

Marcel

Lieber Gott, mein Vater sagt, du bist reich. Du hast viele Häuser, nämlich alle Kirchen in den Dörfern und Städten. Aber wo kann ich dich sehen und besuchen? Wo bist du zu Hause?

Lieber Göttilein, ich danke dir, dass ich lieben kann. Ich bitte, dass meine Schwester in Paraguay gesund bleibt. Amen.

Vincent

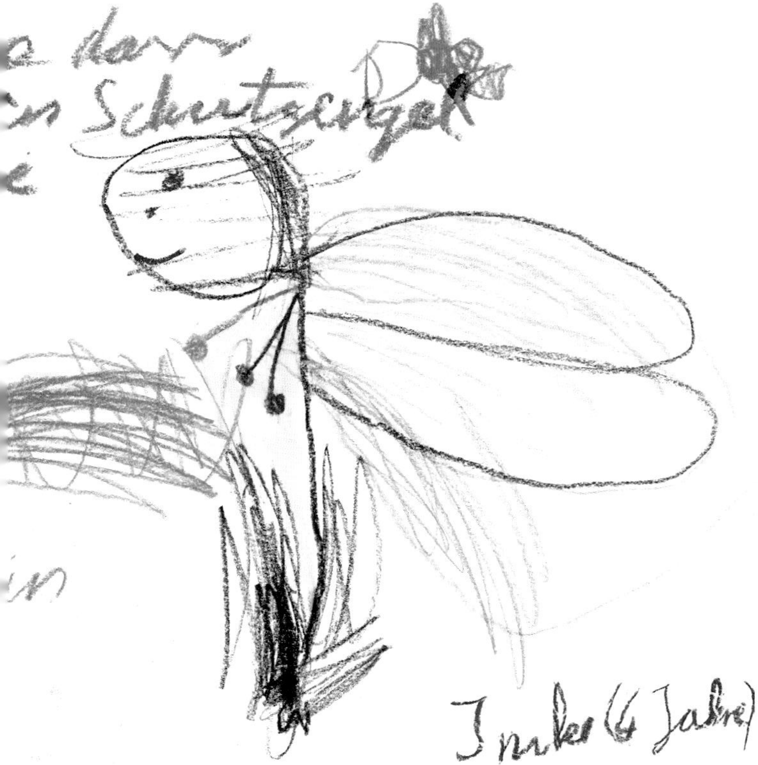

Lieber Gott, die Regina hat heute Geburtstag und wir dürfen mit ihr feiern. Wir möchten dich bitten, dass du sie in ihrem neuen Lebensjahr behüten mögest auf all ihren Wegen, beim Spielen im Kindergarten und zu Hause, auf dem Spielplatz und auf der Straße, im Urlaub und auch in der Nacht. Wir bitten dich, sei immer bei ihr. Dafür möchten wir dir danken. Amen.

Hallo, du da oben! Das Tratschen heute in der Schule hat mir über den sonst so langweiligen Unterricht geholfen. Der Nachmittag ging schnell vorbei. Danke, dass ich morgen alle meine Freunde sehen kann, die ich sehr lieb habe. Und dass ich für das Wochenende von der Schule befreit bin. Vielleicht träume ich ja auch mal von dir!!!

Bis bald, deine Lolli

Lieber Gott, hilf uns beim Impfen. Gib uns Mut, dass der Piekser nicht weh tut. Amen.

Christina und Charline

Danke, dass ich einen Schutzengel habe. Er hält mich in der Hand.

Imke

Guter Gott,
du hast diese Welt gut geordnet.
Ohne die Wiederkehr von Vertrautem
ohne den Wechsel der Jahreszeiten,
die Verlässlichkeit von Tag und Nacht,
ohne die Hoffnung auf Leichtigkeit
in schweren Zeiten,
ohne die Gewissheit,
dass auf die Saat eine Ernte folgt –
ohne all das könnten wir nicht leben.
Wir danken dir, Gott,
dass du diesen Takt des Lebens gegeben hast –
und wir bitten:
öffne uns die Augen für die Wunder deiner Schöpfung,
lass uns rechtzeitig zu Atem kommen,
wenn wir atemlos geworden sind.
Und lass uns, wo es nötig ist,
einen gemeinsamen Rhythmus
mit anderen Menschen finden,
damit wir spüren,
wo sie auf uns und wir auf sie angewiesen sind.
Amen

Ich habe so viele
verschiedene Gefühle

Manchmal ist es komisch,
guter Gott,
in einem Augenblick bin ich fröhlich
und lache;
und ich finde das Leben schön.
Und dann wieder bin ich traurig
oder wütend;
und ich ärgere mich über Kleinigkeiten.
Ich will mich trotzdem mit anderen verstehen.
Hilf mir dabei.
Amen

Lieber Gott!
Manchmal sind wir traurig,
auch wenn die Sonne scheint.
Manchmal ist alles langweilig,
obwohl wir Spielzeug haben.
Manchmal sind wir einsam,
mitten unter anderen Menschen.
Lass uns merken, dass wir nicht verlassen sind.
Lass uns spüren, dass du uns immer begleitest.
Amen

Lieber Gott,

oft verstehe ich mich selbst nicht:
Dann bin ich zickig, obwohl ich es gar nicht will.
Oder ich bin fies zu anderen
und irgendwie tut es mir leid.
Ich möchte mich gerne besser verstehen.
Verstehst du mich?

Gott,

ich fühle mich eingesperrt
in meiner eigenen Seele.
Es ist wie in einem Irrgarten
und ich finde keinen Ausweg.
Gib mir neuen Mut.
Amen

Lieber Gott, hör mir mal zu! Danke, dass es Gefühle gibt, sonst wüsste ich nicht, ob es mir gut geht oder schlecht geht.

Sina

Lieber Gott, manchmal ist mir sehr langweilig weil meine Freunde mit anderen spielen. Dann setze ich mich auf meine Schaukel. Dann geht's mir schon viel besser. Und dann kommt meistens doch noch ein Freund von mir und spielt mit mir. Und ich glaube sogar, da steckst du dahinter. Amen.

Sebastian

Lieber Gott, danke, dass ich so viele Freunde habe, mit denen ich spielen kann. Mit meinem Freund spiele ich gern, er ist genau so groß wie ich. Ich spiel gern Fußball, meistens ist mein Freund im Tor. Manchmal denke ich an Gott. Er ist sehr lieb. Danke, dass wir eine so liebe Lehrerin haben. Und wenn ich traurig bin, dann spiele ich mit meinem Bruder. Amen.

Niklas

Lieber Gott, Ich streite mich immer mit Jan-Eric. Sonst ist er nett.

Liebe Grüße, Dennis!

Lieber Gott, ich danke für das, was du schon für mich getan hast. Und ich danke, dass du meine Probleme gelöst hast.

Jens

Lieber Gott! Mach, dass meine Eltern nicht mehr streiten und schreien. Sondern glücklich und froh sind und alle Sorgen vergessen. Ich hoffe, dass du es irgendwie besser machen kannst. Lieber Gott, danke, dass du mir zwei gesunde Schwestern auf die Welt gegeben hast, und dass ich so gut mit ihnen spielen kann. Danke, Herr!

Aylin

Wir waren im Zirkus. Dort sahen wir dressierte Pferde, Löwen, Bären und Elefanten. Die Artisten zeigten waghalsige Kunststücke. Alles war so spannend, ich konnte kaum mehr atmen. Mein Gott, es war so schön im Zirkus! Ich danke dir, dass ich dort Spaß und Freude erleben durfte.

Ich wünsche mir, dass Niklas mal langsam verrückt wird. Und dass Tobias mich in Frieden lässt. Amen.

René

Ich wünsche mir, dass meine Schwester nachts kein Theater mehr macht. Ich danke, dass du meine Eltern erschaffen hast. Amen.

Merle

Lieber Gott, ich wünsche, dass es keinen Krieg gäbe und dass meine Blumen wachsen. Amen.

Lieber Gott! Bitte, bitte lass mich nicht aus dem Kindergarten fliegen. Amen.
(Es war im Kindergarten. Wir waren gerade draußen. Da bin ich mit meiner Freundin Viktoria reingegangen, ohne es den Betreuerinnen zu sagen. Sie haben uns überall gesucht und sie sind reingegangen. Da haben sie uns in der Kuschelecke entdeckt und waren ganz sauer.) Dana

Lieber Gott! Danke für die Einer. Ich habe mich sehr gefreut. Aber ich bereue, dass ich einmal vom Kindergarten geflüchtet bin. Und ich will, dass mein Onkel nach der Hochzeit glücklich lebt.
Barak

Lieber Gott! Ich bin gut in Mathe und andere sind gut in Deutsch. Lieber Gott, ich bin dankbar, dass ich überhaupt was kann. Danke, lieber Gott. Amen.

Lieber Gott! Ich danke dir, dass du meinen Opa wieder gesund gemacht hast. Eigentlich dankt dir unsere ganze Familie. Jetzt kann ich wieder mit Opa reiten. Darüber bin ich ganz froh. Amen.
(Das Gebet ist mir eingefallen, weil mir das ganz wichtig ist. Ich bete es jeden Abend.) Jennifer

Lieber Gott, hör uns mal zu. Du lässt viele unschuldige Kinder und Eltern im Krieg sterben. Viele Tiere sterben und Häuser werden zerstört. Die Menschen, die noch leben, müssen die Häuser wieder aufbauen und manchmal nach toten Menschen graben. Ich finde das ungerecht. Amen.
Marlen

Lieber Gott, ich danke dir für jeden neuen Tag, den ich mit dir erleben darf. Du bist immer bei mir! Wenn ich fröhlich bin, wenn ich traurig bin, wenn ich aufgeregt bin, wenn ich wütend bin, wenn ich alleine bin oder wenn ich gute Laune habe. Du bist immer bei mir! Danke, dass es dich gibt. Amen.

Anneke

Lieber Gott, ich möchte so gerne einen Hund haben. Ich habe einen ganz kranken Dinosaurierfisch und ich bete dafür, dass er wieder gesund wird. Und mein Vater hat fast gar keine Zeit für mich, ich wünschte, er hätte mehr Zeit für mich.

Lena

Lieber Gott, mach bitte, dass es keine Räuber gibt.
Bitte mach, dass wir hitzefrei kriegen.

Lieber Gott, ich hab mich gefreut, dass der Krieg zu Ende ist. Amen.

Nico

Lieber Gott, bitte mach, dass ich den richtigen Mann finde.

Tabita

Lieber Gott, mache, dass ich schnell einschlafe, dass ich für den Sachkundetest morgen gestärkt bin und dass ich eine zwei im Sachtest bekomme. Amen.

Mania

Vor der Klassenfahrt war ich so aufgeregt und da habe ich gebetet:
Lass mich einschlafen, lieber Gott.

Lieber Gott, heute habe ich mich geärgert,
weil ich mein Zimmer aufräumen musste.

Justine

Lieber Gott, ich freue mich, weil ich heute nach der Schule zu meiner Oma und zu meinem Opa gehe. Amen. Lieber Gott, ich finde es doof, dass wir heute Werken haben, weil ich nicht gut basteln und malen kann. Amen. Lieber Gott, ich finde es doof, dass es heute so kalt draußen ist. Amen. Lieber Gott, ich freute mich heute, dass ich in der Pause mit Aylin im Garten frühstücken durfte. Das war schön. Amen.

Lieber Gott, ich danke dir,
dass wir freitags keine
Hausaufgaben auf haben,
weil ich immer so viel
Arbeit habe.

Sandra

Jaqueline

Gott – Ursprung des Lebens.

Du hast uns allen das Leben geschenkt.
Schon mit unserer Geburt sind wir hinein geboren
in Zusammenhänge, die unser Leben bestimmen.
Wir leben in Familien.
Als Eltern, Kinder, Geschwister,
Verwandte, Freunde, Eheleute.
Manchmal freuen wir uns daran
und sind glücklich miteinander,
dann wieder leiden wir darunter
oder fühlen uns verletzt.
Hilf uns darauf zu achten,
dass wir unsere Wurzeln nicht abreißen,
sondern dass sie zu uns gehören.
Wir wollen wahrnehmen, was uns trennt,
aber auch schätzen, was uns liebevoll verbindet.
Lass uns spüren, dass wir die Gemeinschaft
mit anderen brauchen.
Und gib uns die Kraft,
behutsam miteinander zu leben.
Amen

Unbekanntes macht mir Angst

Wir haben Angst,
lieber Gott,
wir wissen nicht, was kommen wird.
Alles erscheint uns eng und bedrohlich.
Wir brauchen neuen Mut zum Leben.

In deiner Hand sind alle
Menschen gut aufgehoben.
Darauf hoffen wir.
Amen

Guter Gott,
wenn es eine Maschine gäbe,
mit der ich in die Zukunft sehen könnte,
das wäre toll.
Dann könnte ich sehen,
was alles geschehen wird.
Aber vielleicht
wäre dann das Leben langweilig.

Lieber Gott,
es gibt so vieles,
was uns als Menschen voneinander trennt.
Wir sehen die Mauern
zwischen uns nicht immer,
aber wir spüren sie.
Im Grunde haben wir Angst vor dem anderen
nur, weil er anders ist.
Hilf uns,
andere Menschen so lieb zu haben,
wie du uns lieb hast.

Großer Gott,
lass uns auf unsere Wege achten
und die Steine,
die manchmal
unsichtbar zwischen uns Menschen liegen,
wegnehmen.
Amen

Ich bete am liebsten, wenn ich Angst habe.

Lieber Gott, wenn Menschen, die wir lieb haben, krank werden, dann mach sie bitte ganz schnell wieder gesund, denn wir haben Angst.

Lieber Gott, mach, dass sich meine Katze besser um ihre nächsten Kinder kümmert, weil ihr erstes durch Unterkühlung gestorben ist.

Barbara

Lieber Gott! Ich erzähle dir, ich habe Angst vor der Dunkelheit. Ich danke dir für alles, was wir haben. Ich danke dir, dass ich geboren bin. Ich bitte, dass ich im nächsten Diktat null Fehler habe. Amen.

Yasmin

Fabian

Lieber Gott, ich wünsche, dass mein Bruder kein Asthma mehr hat! Ich wünsche mir, dass die Sonne scheint.

Adrian

Lieber Gott! Ich wünsche mir, dass es keinen Krieg mehr gibt. Denn an meinem Geburtstag hat ein Krieg begonnen. Ich war sehr traurig an diesem Tag. Ich wünsche, dass es keine Kranken mehr gibt. Mach, dass keine Kinder oder Erwachsene klauen. Mach, das niemand stirbt, ob Oma, Opa, Onkel, Tanten, Mama, Papa oder Kind. Danke lieber Gott!

Beatrice

Lieber Gott, hör mir mal zu: Heile Maikes Arm schnell und mach, dass der Krieg schnell aufhört. Opa soll ganz schnell aus dem Krankenhaus kommen und Oma soll irgendwann wieder laufen können.

Nina

Lieber Gott! Bitte, mach, dass da im Schatten kein wildes Tier ist, wenn ich abends allein bin. Amen.

(Als ich mitten in der Nacht aufwachte und einen Schatten sah, hatte ich Angst.) Lukas

Lieber Gott, ich bin traurig, dass wir wegziehen und ich habe auch Angst. Lieber Gott, helfe mir, die Angst zu überwinden. Amen.

Annika

Gott, ich habe Angst!

Lieber Gott, ich danke dir, dass du mir diese Heimat geschenkt hast. Das war sehr nett von dir. Ich finde es auch gut, dass es die Erde gibt. Lieber Gott, ich möchte immer in dieser Heimat bleiben. Kannst du mir diesen Wunsch erfüllen? Ich finde es gut, dass ich Alina und Janine zur Freundin gekriegt habe. Ich finde es aber doof, dass ich nach der vierten Klasse in die Realschule muss. Ich finde es hier einfach toll. Weil ich hier so viele Freunde habe. Und in der Realschule wird es erst ganz ungewohnt sein. Und ich werde Frau Minor und Frau Müller-Braunßen sehr vermissen, aber in der Realschule werde ich bestimmt viele andere Freunde finden.

Jana

Lieber Gott, Jona hatte ganz schreckliche Angst, dass er in dem tiefen Meer ertrinken muss. Er hatte Angst um sein Leben. Und er hatte Angst, dich um Hilfe zu bitten, denn er wollte ja vor dir weglaufen. Aber dann hat er sich doch getraut – aber du hast ihn gerettet und in Sicherheit gebracht. Lieber Gott, auch wir haben oft ganz große Angst. Mach doch, dass wir keine Angst haben. Lieber Gott, mach, dass ich nicht immer so große Angst vor dem Gewitter und vor einem Hausbrand habe. Lieber Gott, ich habe Angst vor Einbrechern. Lieber Gott, ich habe Angst vor einem Erdbeben, dass dann alles hier bei uns kaputt macht. Und ich habe Angst vor einem Autounfall, bei dem einer aus der Familie verletzt wird. Bitte beschütze uns, wenn wir Auto fahren. Lieber Gott, ich habe Angst vor den größeren Kindern, die unsere Sachen kaputtmachen und uns auf dem Schulhof ärgern. Mach doch, dass wir mutiger werden und uns nicht alles von denen gefallen lassen. Lieber Gott, ich habe Angst vor einem Krieg, bei dem dann ganz viele Menschen sterben müssen. Mach doch, dass überall auf der Welt Frieden ist und die Menschen sich nicht totschießen. Lieber Gott, ich habe Angst vor dem Alleinsein. Bitte, mach doch, dass Mama oder Papa immer bei mir sind. Lieber Gott, du passt immer auf uns auf. Dafür danke ich dir.

Otto und Kevin

Lieber Gott, lass mich jetzt keinen Ärger bekommen.
Lieber Gott, lass mich doch meinen Teddy finden.
Sonst kann ich nicht einschlafen.

Luisa

Lieber Gott, heute war im Fernsehen ein Film mit Krieg und vielen Toten und kaputten Häusern. Jetzt haben die Menschen nicht mal mehr ein Bett. Kannst du nicht machen, dass es keinen Krieg mehr gibt? Kannst du ihn nicht verbieten? Und kannst du nicht mal das Fernsehprogramm machen? Dann zeigst du den Menschen Filme ohne Krieg, dass sie nichts mehr davon sehen. Vielleicht vergessen sie ihn dann.

Lieber Gott, hilf mir über die Straße. Es gibt so viele Autos. Amen.

Otto und Kevin

Gott, gib uns Farben, Freude und Antworten. Amen. Gott, bitte sei bei mir, wenn ich Angst habe. Amen.

Marvin

Lieber Gott, ich wünsche mir, dass die Welt nicht so schwarz ist.

Carl-Marius

Lieber Gott! Ich würde mich sehr freuen, wenn du mir bei meinem Wunsch helfen könntest, der mir wirklich etwas bedeutet. Gestern habe ich mich an der neuen Schule angemeldet. Bitte hilf mir dabei, ein paar nette Freunde zu finden, denen ich vertrauen kann und kein Leid zufüge. Amen.

Lisa

Guter Gott,

wir brauchen deinen heiligen, guten Geist,
der uns zueinander bringt,
der uns hilft, wenn wir Angst haben,
der uns Mut macht zu neuen Schritten
und Hoffnung gibt, wenn wir ohne Hoffnung sind.
Wir bitten dich um diesen Geist,
der in Bewegung bringt,
für uns und für alle Menschen.
Amen

Vieles ist so schwierig

Lieber Gott,
heute ging alles durcheinander.
Ich weiß gar keine Lösung.
Ich bitte dich einfach um eine gute Idee.
Amen

Gnädiger Gott!
Uns geht es gut.
Wir können uns satt essen und haben es warm.
Wir können spielen und fröhlich sein.
Viele Kinder auf der Welt können das alles nicht.
Sie haben Hunger, sie leiden unter einem Krieg
oder sie müssen schon arbeiten gehen.
Zeige uns Wege, Gott,
wie wir diese Welt zum Guten verändern können.
Amen

Lieber Gott,

alles scheint irgendwie verknotet.
Wir machen uns Sorgen,
wir spüren Probleme,
wir wissen keine Lösungen.
Alles hängt miteinander zusammen.
Wir finden keinen Ausweg.
Schenke uns Geduld
damit wir behutsam und gelassen
einen Schritt nach dem anderen gehen.
Damit sich der Knoten
in unserer Seele lösen lässt.
Amen

Gott,

ich hänge in der Luft.
Keiner versteht mich.
Bitte hilf mir.
Amen

Lieber Gott, ich bitte dich, dass es den armen Menschen besser geht und sie sich eine Wohnung leisten können. Amen.

Jendrik

Lieber Gott! Heute in der Schule ist mein Kreisel kaputt gegangen, das finde ich traurig. Das war nämlich mein bester Kreisel, den ich hatte. Amen.

Nadine

Lieber Gott! Ich möchte, dass mein Hund nie wieder so einen schlimmen Unfall hat. Ich danke, dass sich meine Eltern nach der Trennung wieder besser verstehen.

Stefanie

Lieber Gott, ich wünsche, dass meine Oma lange am Leben bleibt und ich freue mich, dass ich Katzen gekriegt hab und dass die Katzen genug zu fressen kriegen und dass sie fast immer im Freien sein können. Amen.

Lavinia

Lieber Gott, ich bete zu dir, ich wünsche mir, dass Astrid und Tobias zurückkommen und dass alle Menschen gesund bleiben. Ich möchte, dass es keinen Krieg mehr gibt. Ich hoffe auch, dass alle Tage schön und friedlich werden. Dass keiner streitet.

Christiane

Marny

Wir bitten um Frieden auf der Erde. Bitte lieber Gott, lass die Hungersnot in einigen Ländern aufhören und lass es in manchen ausgetrockneten Ländern wieder regnen. Danke, dass wir zur Schule gehen können. Bitte hilf, dass es den Menschen in der Dritten Welt wieder besser geht und die Kinder dort auch zur Schule gehen können. Wir danken dir für die Freude, die du uns immer wieder schenkst und dafür, dass wir Freunde haben. Bitte lass kranke Menschen wieder gesund werden und lass Arbeitslose wieder Arbeit finden.

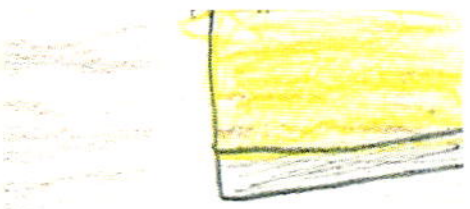

Bittgebet: Lieber Gott, bitte lasse es nicht noch einmal zu einem Krieg kommen, und helfe den anderen Menschen, die darunter leiden müssen. Dankgebet: Einmal hat mir mein Freund Jannes eine scharfe Fliese auf den Kopf geworfen. Mein Papa ist dann schnell mit mir ins Krankenhaus gefahren, und meine Wunde wurde zugenäht. Gott sei Dank, dass ich die Fliese nicht ins Auge bekommen habe, sonst wäre ich auf dem Auge blind.

Jörg

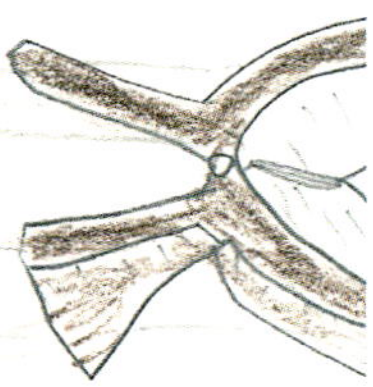

Dankgebet: Coras Zitzen waren erst wund, da die Welpen zu wenig Milch getrunken haben. Die Milch staute sich. Ich danke, dass jetzt die Welpen und unsere Hündin Cora gesund und munter sind.

Laura

Dankgebet: Einmal bin ich mit meinem Fahrrad durch eine Gosse gefahren, ich habe mich überschlagen und mir sind zwei Zähne abgebrochen. Mein Gesicht hat geblutet und der Arzt musste kommen. Gott sei Dank ging es mir nach einer Woche wieder gut.

Julian

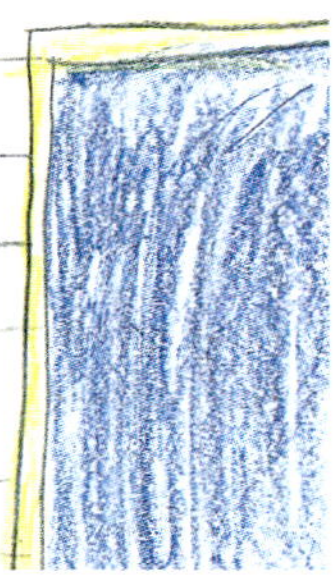

Lieber Gott, warum sind meine beiden Katzen weggelaufen? Weißt du es? Ich bin traurig darüber. Amen.

Fiona

Lieber Gott, ich bitte um Hilfe. Schütze die Kinder im Irak. Sie sterben ohne Grund. Amen.

Marina

Lieber Gott, kannst du mir bitte ...., lieber Gott, bitte! Ich danke dir dann. (Punkt, Punkt, Punkt heißt das, was ich mir wünsche) Gebet benutzen: wenn es nötig ist.

Lieber Gott, ich wünsche mir, dass meine Oma im Heim noch nicht stirbt. Ich wünsche, dass meine Katze nicht krank wird. Ich hoffe, dass meine Eltern sich nicht trennen werden. Ich danke dir, dass es viele Schulen gibt. Ich bitte dich, dass es nie wieder Krieg gibt. Ich danke dir, dass du mir so viele Freunde gibst. Amen.

Nina

Lieber Gott, warum muss ich beim Fußball immer in die Abwehr? Das nervt richtig, dass ich hinten sein muss. Bitte, lieber Gott, mach, dass ich einmal nach vorne darf, bitte, bitte.

Daniel

Pascal

Lieber Gott, ich habe mir den Nagel eingerissen, gib mir deinen Segen und mach, dass mein Nagel besser wird. Amen.

Julia

Lieber Gott, hör mir mal zu. Können die Tage nicht mal länger dauern. Ich habe immer so viel vor. Amen.

Felix

Lieber Gott, ich habe ein großes Problem. Es ist noch nicht lange her, da haben meine Eltern sich getrennt. Für mich war das nicht so schlimm, aber seitdem läuft es bei mir nicht mehr ganz normal. Papa schafft den Haushalt nicht mehr und hört manchmal laut Musik. Bitte hilf mir doch. Amen.

Jana

Lieber Gott, hör mir bitte mal zu, ich bin in der Schule nicht so gut, kannst du mich vielleicht etwas besser machen? Ich habe auch schon ein paar Geschichten über dich gelesen. Amen.

Franca

Lieber Gott, bitte mach, dass der Krieg aufhört, denn Menschen sterben, die du erschaffen hast. Danke, dass du mich erschaffen hast. Ich habe viel zu danken, ich habe aber auch viel, für dass ich dir nicht zu danken habe! Streiten und Scheidungen! Aber du hast auch Gutes getan: Liebe und Freundschaft! Amen!

Jennifer

Lieber Gott! Ich wünschte mir, dass mein Bruder einmal nett zu mir ist. Mehr möchte ich nicht! Amen. *Wie es entstanden ist: Es fing alles mit Hauen und Schlagen an.*

Franziska

Lieber Gott, wieso gibt es die Schule? Ich habe Angst vor Mördern und Randale. Ich wünsche mir, dass ich Fußballstar werde. Ich bin dankbar, dass ich Fußball spielen kann.

Lieber Gott, du hast doch jeden Menschen lieb. Gerade, wenn wir so schön spielen, immer dann kommt einer und ärgert uns. Lieber Gott, warum ist das so? Du hast doch jeden Menschen lieb. Hat er denn keinen, der mit ihm spielt? So dass er sich bei uns interessant machen muss? Mach doch, dass es sich ändert. Amen.

Svenja

Ich wünsche mir, dass Dominik schnell wieder gesund wird. Dass der Schulhof fertig wird. Ich wünsch mir, dass Tommi nicht mehr vom Auto angefahren wird. Mama soll immer viel Glück haben.

Niklas

Lars

Danke, lieber Gott, dass ich beim Osterfeuer war. Ich bin traurig. Bitte, lieber Gott. Amen.

Michele

Lieber Gott, ich habe sehr geweint, als unser Kater gestorben ist. Ich fände es sehr schön, wenn er noch leben würde, denn Max hat so schön mit mir gespielt. Ich vermisse ihn und das Spielen mit ihm. Ich danke dir, dass ich lebe, dass ich eine Familie und dass ich eine Schwester habe, und ich bin froh, dass ich liebe und nette Eltern habe. Ich danke dir für alles, was ich habe!!

Merle

Lieber Gott, mein Vater muss arbeiten, in der Fabrik, und meine Mutter auch. Vater sagt, das kommt von den Gesetzen. Und die Gesetze haben kluge Menschen gemacht. Aber du bist klüger als die Menschen. Kannst du nicht mal Gesetze machen? Dann kann meine Mutter vielleicht zu Hause bleiben, bei mir. Ich helfe ihr auch bei der Arbeit und beim Einkaufen.

Lieber Gott im Himmel, schenke mir einen Freund, der mich respektieren kann als seinen besten Freund. Denn ich bin so oft allein und möchte nicht mehr so traurig sein. Ich möchte spielen, lachen und reden, das wäre für mich ein Segen. Lieber Gott im Himmel, bitte helfe mir: Schenke mir einen Freund, der mich mag, so wie ich bin, damit ich nicht mehr so alleine bin. Amen.

Lieber Gott, schade, dass ich nicht fliegen kann.

Julian

So kann ich beten, wenn ich mich traurig und verlassen fühle: Lieber Gott, ich fühlte mich verlassen im Krankenhaus, weil keiner da war. Danke, dass Annelie zwei Stunden bei mir war.

Tim

Lieber Gott, es ist traurig, dass beim Krieg im Irak so viele Menschen gestorben sind. Meiner Oma geht es im Moment auch nicht so gut. Es macht mich auch traurig, wenn Menschen sich streiten oder prügeln. Ich würde mir gerne ein paar Sachen wünschen: alle armen Menschen, die auf der Straße leben, denen möchte ich ein Zuhause schenken. Allen Menschen, die schwer krank sind, möchte ich Gesundheit und Liebe schenken.

Anna

Hallo lieber Gott, seit einigen Tagen liege ich im Krankenhaus.
Bitte mach, dass meine Krankheit weggeht.

Fabian

Lieber Gott,

von Jesus haben wir gehört, wie er gesagt hat:
Behandelt andere Menschen so,
wie ihr behandelt werden wollt.
Wir merken, wie wichtig es ist,
dass wir gut hinsehen und hinhören in dieser Welt,
damit wir einander verstehen.
Wir bitten dich,
hilf uns, so zu leben wie du es willst.
Lass uns sehen und hören,
wer unsere Hilfe braucht.
Sei heute und immer bei uns.
Amen

Ich möchte über den Dingen stehen

Manchmal, lieber Gott,
möchte ich auf Bäume klettern.
Dann lasse ich alles unter mir.
Dann spüre ich meine Kraft
und meine Geschicklichkeit.
Dann sehe ich die Welt mit anderen Augen.
Von oben.
Ein wenig kribbelt es in mir –
vielleicht aus Angst.
Lass mich nicht fallen.
Amen

Lieber Gott,
es macht Spaß irgendwo raufzuklettern.
Dann bin ich sogar größer
als Mama oder Papa.
Dann sehe ich mehr als die anderen.
Ich fühle mich gut dabei.

Ach, Gott,

wenn doch das Leben leichter wäre …
Wenn ich doch nicht alles so
schwer nehmen würde …
Wenn mir doch das Schwere leichter fiele …
Manchmal wäre ich gerne leicht
wie eine Feder –
und fühle mich doch schwer wie ein Stein.
Ach, Gott, lass mich den Überblick behalten.
Amen

Manchmal, lieber Gott,

möchte ich mich so verstecken,
dass mich keiner sieht,
aber wo ich alles sehen kann.

Lieber Gott, du beschützt uns, heilst uns. Darum will ich dich sehr loben und preisen, weil du wie ein Vater zu uns bist. Amen.

Alexander

Lieber Gott! Bitte beschütze alle Menschen und Kinder. Sie sollen normal leben wie fast alle Menschen auf der Erde. Amen.

Natalia

Ich bete immer nur abends, wenn ich mit meiner Mutter gestritten habe. Das Gebet heißt: Lieber Gott, mach bitte, dass ich und meine Mama sich wieder versöhnen. Amen.

Melina

Freude. Ich freue mich auf den neuen Tag. Die Sonne scheint, und ich habe gute Laune. Ich denke an das, was mich heute erwartet: zuerst die Schule, na ja, muss ja sein. Heute Nachmittag bin ich bei Monika eingeladen, ich bin gerne bei ihr, wir haben uns viel zu erzählen. Gott, ich freu mich auf den Tag. Beschütz mich und alle Menschen. Hilf, dass kein Unglück passiert, und schenk uns immer was zum Lachen.

Alina

Lars

Lieber Gott, ich danke dir, dass ich so viel Schönes erlebt habe. Heute ist so ein schöner Tag, an dem die Sonne scheint. Da kann ich schwimmen, Fußball spielen und spazieren gehen. Da kann ich mit anderen einen Ausflug machen und vieles Schöne sehen. Lieber Gott, ich bitte dich, dass ich nichts Schlimmes erleben muss: dass ich nie mehr krank werde, denn ich habe Angst vor dem Zahnarzt; dass die Brüder nicht mehr nerven und die Schwestern nicht so zickig sind; dass ich mich nicht streite und keine schlechten Noten schreibe. Lieber Gott, was ich dir noch erzählen möchte: Ich finde es nicht gut, wenn Menschen miteinander streiten. Ich finde es nicht gut, wenn es Krieg gibt. Ich finde es nicht gut, wenn andere Hunger haben. Ich finde es nicht gut, wenn Menschen krank sind. Ich finde es nicht gut, wenn liebe Menschen sterben. Dagegen wäre es doch schön, wenn alle miteinander glücklich sind, wir keine Lasten tragen, sondern Frieden haben. Lieber Gott, lass uns alle miteinander ruhig leben. Amen.

Lieber Gott, ich danke dir sehr für die Zeiten, in denen du mir geholfen hast. Lieber Gott, ich bete für all die Menschen, denen es schlecht geht. Auch den Tieren soll es gut gehen. Es ist gar nicht so lange her, als ich mit meiner Mutter im Tierheim war und eine Katze gesehen habe, der die Schnurrhaare abgebrannt waren. Eine hatte Fin, es ist eine schlimme Krankheit. Ich hoffe, dass es den Tieren bald besser geht, sie vermittelt werden und in gute Hände abgegeben werden. Lieber Gott, ich bin froh darüber, dass es mir so gut geht. Natürlich wünsche ich auch anderen Lebewesen sehr viel Glück.

Asja

Lieber Gott, ich habe das Gefühl, mir wächst alles über den Kopf! Ich kann nicht mehr, und ich bin müde! Bitte hilf mir, mein Selbstbewusstsein und meine innere Kraft wieder zu finden! Ich brauche jemanden, mit dem ich über alles reden kann. Amen.

Jana

Lieber Gott! Lass mich viele Tore bei dem Fußballturnier schießen und lass meine Eltern zugucken.

Andreas

Lieber Gott, wir hoffen, dass du uns hörst. Vergib uns unsere Schuld, wir bitten dich sehr. Wir sind uns sicher, dass es dich irgendwo gibt. Wir wissen, dass wir schon viele böse Dinge gemacht haben. Aber du hast uns immer aus der Patsche geholfen. Wir danken dir sehr. Amen.

Louisa und Alina

Manchmal bete ich vor dem Einschlafen, wenn ich mich mit meinen zwei Geschwistern gestritten habe. Leise bete ich unter meiner Bettdecke und hoffe, dass Gott mir und meinen Geschwistern verzeiht. Am Ende meines Gebetes lege ich meine zusammengefalteten Hände auf die Stirn und gucke nach oben zu Gott. Danach fühle ich mich schon viel besser und kann in Ruhe einschlafen.

Lea

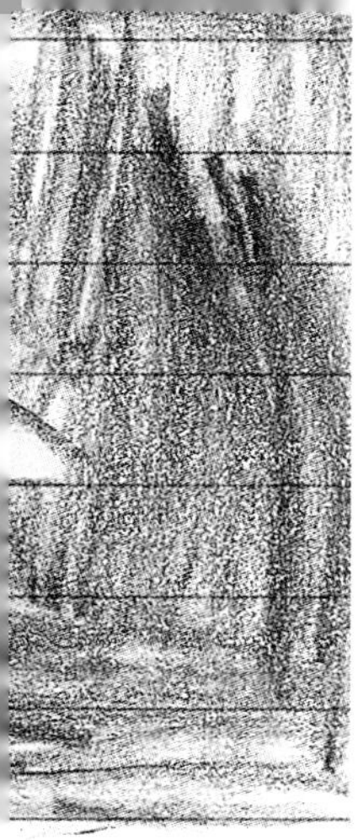

Lieber Gott, ich will kein Spielverderber sein und lass mich bemerken, wenn die anderen Freunde sich ausgeschlossen fühlen. Amen.

Raika

Dass Dominik schnell wieder in die Schule zurück kommt. Dass es kein Krieg mehr auf der Welt gibt. Dass ich kopfüber vom Fünfer springe.

Laura

Bitte, lieber Gott, mach, dass es keinen Krieg mehr gibt. Krieg ist blöd. Dass meine Schuhe schnell kaputt gehen, damit ich endlich neue bekomme. Die Bauernhöfe größer, damit wir mehr Tiere streicheln können, dass meine Mama nächstes Jahr mit mir zum Osterfeuer geht. Das hat sie schon für dieses Jahr versprochen. Dass ich eine Forscherrakete kriege, dann schieße ich mich in den Baum und untersuche die Blätter.

Lieber Gott, ich bin dankbar, dass ich Eltern habe. Ich bin dankbar, dass mir meine Eltern immer verzeihen. Ich bin dankbar, dass die Familie zusammen ist. Ich hab Sorgen, weil ich meine Eltern angelogen habe.
Ich hab Sorgen, weil Mamas Hund überfahren wurde. Amen.

Laura

Lieber Gott, sag mir bitte, wo meine Sonnenbrille ist.

Leonie

Ich danke dir für alles Gute. Ich wünsche mir, dass in unserer Familie alles wieder gut wird. Amen.

Maria

Das Gebet wollte jemanden zum Beten haben, aber es hatte keinen zum Beten. Da kam eine Gestalt! Die Gestalt war Jesus und er war gekommen um das Gebet zu lesen und er las es bis zum Ende.

Nina

Lieber Gott, danke, dass ich so einen schlauen Opa habe und so eine schlaue Oma habe.

Dennis

Hannes

Guter Gott,

oft haben wir das Gefühl klein und unbedeutend zu sein.
Aber wir sind wichtig – alle füreinander.
Stärke unseren Zusammenhalt in der Familie,
in der Schule oder in der Gruppe
und gib uns den Mut, miteinander Neues zu wagen.
Amen

Ich habe Geheimnisse

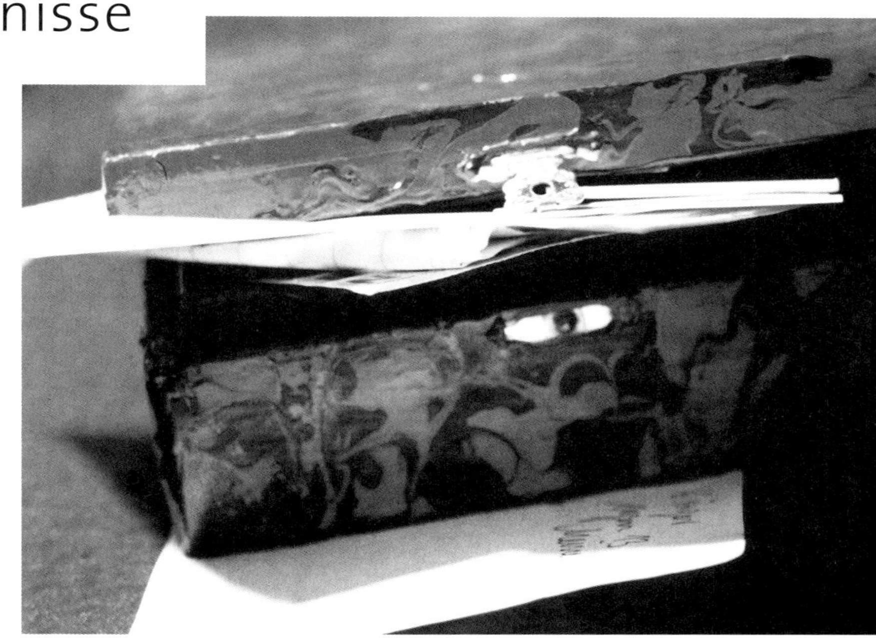

Ich habe ein Geheimnis,
lieber Gott,
ich sage es dir im Stillen.

Aber du weißt es wohl schon.
Denn du kennst meine Gedanken.
Bei dir bin ich gut aufgehoben;
ebenso wie mein Geheimnis.
Amen

Lieber Gott,
ganz leise sage ich dir,
was ich denke.
Du hörst mich trotzdem.
Das ist gut.

Lieber Gott,
du weißt, wie ich mich fühle.
In meinen Gedanken geht alles durcheinander.
Aber ich traue mich nicht,
mit anderen darüber zu reden.
Darum sage ich es dir.
Ganz im Stillen.

Danke, lieber Gott.

Guter Gott,
du verstehst mich,
auch wenn ich schweige.

Lieber Gott, heute haben wir keine Hausaufgaben auf. Amen.

Finja

Lieber Gott, bitte mach, dass es meiner Mutter gut geht. Ich bete, wenn es ihr schlecht geht. Denn ich habe sie ganz doll gern.

Sarah

Bitte lieber Gott, mach, dass mein Hund wieder gesund wird.
Danke lieber Gott, dass ich ein Skateboard habe.

Sven

Lieber Gott! Ich danke dir, dass ich eine Schwester hab und ich reiten kann, ich danke, dass ich eine Freundin hab. Ich danke dir, dass du meine Geheimnisse nicht verrätst. Amen.

Miriam

Lieber Gott, hör mir mal zu!
Ich wünsche mir vom ganzem, ja wirklichem Herzen, dass meine einzige, beste Freundin Kristina mir einen Brief schickt. Danke, ich hab dich ganz ... ganz ... lieb!

Sarah

Lydia

Ich wünsche mir, dass die Erde bleibt. Ich wünsche mir, dass die Menschen nett werden. Ich wünsche mir, dass es keinen schwarzen Löcher mehr gibt. Ich wünsche mir, dass die armen Leute auch Geld kriegen.

Niklas

Lieber Gott, ich möchte gerne, dass mein Hase Muckel gesund wird. Weil er eine gebrochene Pfote hat. Danke!

Lina

Als ich drei war, habe ich gebetet, dass ich Fernsehen gucken kann:
Lieber Gott, lass es regnen, damit ich Fernsehen gucken kann. Amen.

Christian

Bitte, bitte, lieber Gott, ich wünsche mir an diesem Tag Regen! Weil ich in die Turnhalle will.

Jonas

Gott, ich möchte dir etwas anvertrauen. Unser Hund Timmy wird am Montag operiert. Das finde ich sehr traurig, weil er schon mal operiert wurde, nämlich in Kasastan. Und er vermisst seinen Bruder sehr. Meine Katze in Kasastan ist gestorben und der Hund auch. Aber nach der Operation gehen wir zur Hundeschule. Da wird Timmy lernen. Amen.

Dima

Ich vermisse schon sehr lange meine aller-, allerbeste Freundin Eva. Ich habe sie fast seit den Sommerferien des Jahres 2002 nicht mehr gesehen. Ich bitte dich, dass du immer auf Eva aufpasst. Amen.

Sarah

Lieber Gott, mein Zwergkaninchen Hoppel soll auch nie sterben, weil es mir hilft, nie aufzugeben, wenn mich jemand ärgert – so wie z.B. meine große Schwester. Danke.

Kristina

Lieber Gott, warum kann ich nicht so gut rennen? Warum bin ich in Sport nicht so gut? Warum kann ich keine Rolle? Diese Fragen kann ich nicht beantworten. Hilf mir doch bitte, ja? Danke!

Kira-Lynn

So bete ich, wenn ich mich traurig und verlassen fühle, weil mein Papa so weit weg ist: Lieber Gott, ich mag dich so, in meiner Seele ist kein gutes Gefühl, ich bin sehr traurig. Amen.

Gesa Enrica

Lieber Gott, ich bitte dich, lass die Erwachsenen doch nicht immer alles so wichtig nehmen. Dann werden sie auch manchmal zufriedenere Gesichter machen und freundlicher sein. Dann sind sie nicht so gehetzt und haben auch mehr Zeit.

Akgöl

Lieber Gott, ich wünsche mir, dass
meine Mama Auto fahren lernt.
Amen.

Umut

Lieber Gott, ich wünsche mir ganz
doll einen Wellensittich. Meine
Eltern erlauben mir das aber nicht,
weil Papa lieber ein Boot haben
möchte. Ich bin ganz traurig.
Hilf mir bitte, lieber Gott. Amen.

Yvonne

Lieber Gott, hör mir mal zu! Hoffentlich schaffe
ich die nächste Judoprüfung. Amen.

Norman

Lieber Gott, Danke, dass du mir Mut und Kraft gegeben hast.
Jetzt kann ich endlich Einrad fahren. Ich danke dir. Amen.

Carina (Ich konnte nicht Einrad fahren. Da habe ich dich gebeten, mir zu helfen. Und schon konnte ich Einrad fahren.)

Lieber Gott, ich bin froh, dass das gestern nicht
weh getan hat beim Blut abnehmen.

Leo, Lisi und Pia

Lieber Gott, mach das meine Mama
die Schrauben für den Schrank findet.
Lieber Gott, mach mich cool, dass
ich den Himmel komme.

Felix

Lieber Gott! Mach mich gut, dass
ich in den Himmel komm. Ist dort
alles schön? Sag es mir.

Gott ist groß, ich bin klein.
Bayern München mein Verein.

(Ich bete es immer beim Anpfiff.)

Moritz

Bitte, lieber Gott, lass uns bitte
gewinnen im Fußball. Amen.

Dennis

Du warst so kuschelig. Du warst
so lieb. Du warst so süß. Du warst
so gut. Du warst so superschnell.
Ich liebe dich immer
noch.

Lara

Danke lieber Gott, dass ich lebe. Ich bin traurig, weil ich mir weh getan habe. Bitte lieber Gott, mach die Schule besser. Amen.

Jannis

Lieber Gott, ich bin froh, dass mein Zwergkaninchen Charly noch nicht tot ist, obwohl es schon 14 Jahre ist. Na ja, ich bin froh, dass es noch nicht tot ist. Lieber Gott, ich bin traurig, weil mein Vogel Donald tot ist. Aber es ist ein Glück, dass ich einen neuen Vogel gekriegt habe. P.S.: Keinem weitersagen.

Marie

Lieber Gott, zu Weihnachten habe ich eine Puppe gekriegt, die kann laufen und sprechen. Die ist bestimmt teuer. Viel zu teuer. Die gebe ich dem Christkind gerne wieder, wenn ich dafür einen Bruder oder eine Schwester haben kann.

Lieber Gott, ich möchte ein Jedi-Ritter werden, weil die so stark sind. Amen.

Lukas

Lieber Gott, ich bin traurig. Ich bin so oft allein. Schenke mir bitte einen Freund, der mit mir spielt, der mit mir lacht und dem ich alles sagen kann.

Lars

Morgengebet: Lieber Gott, ich stand auf und hab an Gott gedacht. Die Mathearbeit wird schwer. Am nächsten Tag ging ich zu meiner Mutter und sagte, ich habe eine eins. Sie sagte, das hast du sehr gut gemacht. Am nächsten Morgen hab ich an Gott gedacht und habe gebetet und Alex, der heute bei mir geschlafen hat, hat auch gebetet. Danke Gott, danke. Amen.

Guter Gott!

In der Bibel lesen wir Geschichten aus einer Zeit,
die schon lange zurückliegt.
Aber wir lernen,
dass vieles davon mit uns heute zu tun hat.
Gib uns dafür offene Augen und Ohren
und auch für einander.
Amen

Wir haben uns gestritten

Lieber Gott,

wir haben uns gestritten.
Jeder wollte Recht behalten.
Es wurde immer lauter.
Streiten macht eigentlich gar keinen Spaß.
Ich möchte mich gerne wieder vertragen.
Amen

Lieber Gott!

Es gibt so viel Streit zwischen Menschen.
Manchmal fängt es mit Kleinigkeiten an
und wird dann immer schlimmer.
Das ist auch bei uns Kindern so.
Gib uns den Mut, auf andere zuzugehen
und uns zu vertragen.
Amen

Guter Gott,
manchmal streiten wir uns so,
als hätten wir uns gar nicht mehr lieb.
Dann finden wir nur noch laute Worte,
dann schauen wir uns böse an.
Und manchmal fällt uns nichts ein,
wie wir uns wieder vertragen können.
Dann brauchen wir eine gute Idee
zur Versöhnung;
oder ein Lächeln für einen
neuen Anfang.
Lass uns wieder zueinander finden.
Amen

Ich fühle mich sehr einsam,
lieber Gott,
Der Streit war nötig –
aber er tut auch weh.
Ich möchte mich wieder versöhnen.
Gib mir den Mut zum ersten Schritt.
Amen

Lieber Gott, wir bitten dich, dass sich alle, die sich streiten, wieder vertragen!

Ich bin traurig, wenn ich mich gestritten habe.
Dann bete ich: Hoffentlich vertrage ich mich.

Michael

Lieber Gott, schade, dass ich und mein Bruder keinen Hund haben und das ist schade, dass sich Menschen streiten und das ist auch schade, dass Vater und Mutter sich streiten. Amen.

Lieber Gott, meine Eltern streiten sich manchmal. Dann habe ich Angst. Amen.

Darlina

Gott, es ist schlimm, wenn Mama und Papa sich streiten.
Kann diese Welt denn nicht ohne Steit bestehen? Amen.

Tiberius

Lieber Gott, ich danke dir, dass meine Oma und mein Opa sich nicht mehr streiten. Amen.

Henning

Lieber Gott, ich danke dir, dass meine Eltern sich nicht getrennt haben. Denn es wäre sehr traurig. Meine Schwester wäre bei Mama oder bei Papa. Ich wäre gern bei beiden. Amen.

Laura

Heute gab es Zank und Streit.
Lieber Gott, es tut mir Leid.
Gib uns zum Vertragen Mut,
dann wird alles wieder gut. Amen.

Christin

Lieber Gott, ich habe manchmal Ärger bekommen, aber ich habe mich immer wieder entschuldigt. Lieber Gott, ich hoffe, dass mir mit meinen Freunden auf dem Schulweg nichts passiert. Lieber Gott, wir danken dir. Amen.

Mathis

Lieber Gott, kannst du Gott, mich und meine Freundin wieder vereinen? Amen.

Stefanie

Lieber Gott, in der Schule spielen wir mit vielen Kindern. Aber es gibt auch mal Streit. Wir rufen uns böse Wörter zu. Bitte, hilf uns, dass wir uns schnell wieder vertragen.

Lars

Lieber Gott, mach bitte, dass meine Eltern aufhören, sich zu streiten. Bitte Gott, bitte, mach, dass meine Eltern sich beruhigen. Ich habe Angst, bitte helfe mir. Danke.

Emil

Lieber Gott,

heute hat es bei uns Streit gegeben.
Jeder wollte Recht behalten.
Wir sind laut geworden und wütend.
Wir haben uns nicht mehr verstanden.
Wir haben uns böse angesehen.
Hilf uns, wieder zueinander zu finden.
Lass uns spüren, dass wir uns brauchen
und dass wir uns lieb haben.
Amen

Manchmal ist meine Angst riesengroß

Lieber Gott,
manchmal habe ich Angst,
wenn ich etwas noch nicht kenne.
Dann fühle ich mich ganz klein.
Alles kommt mir finster vor.
Aber du gehst mit mir.
Darum ist es nicht dunkel.
Ich brauche keine Angst zu haben.
Danke.

Vor Gewitter und vor großen Hunden
habe ich Angst.
Manchmal auch vor größeren Kindern.
Steh mir bei, lieber Gott.

Guter Gott!

Du kennst uns und bist uns ganz nah.
Mit dir können wir reden
wie mit einem Freund,
egal ob wir fröhlich sind oder traurig,
ob wir Angst haben oder ganz mutig sind.
Bleibe bei uns
und schenke uns deinen guten Geist
bei allem, was wir tun.
Amen

Lieber Gott,

schenke mir Kraft und Mut
für die kleinen Schritte im Alltag.
Besonders für den ersten Schritt.
Amen

Guter Gott! Bitte, mach, dass mein Vater wieder gesund wird. Amen.
(Ich habe gebetet, als mein Vater am Herzen operiert wurde.) Pauline

Lieber Gott, mach bitte! Bitte! Dass der Mann, der sich mir nackt gezeigt hat, mir nicht mehr hinterher kommen soll, weil ich richtig Angst habe. Amen.
(Im letzten Jahr hat ein Mann, der gegenüber wohnt, sich nackt auf dem Balkon gezeigt. Da habe ich das gebetet.)

Lieber Gott, ich wünsche, dass meine Eltern zusammen bleiben.
Joana

Lieber Gott, ich wünsche, dass meine Eltern sich wieder vertragen würden. Amen.
Cynthia

Lieber Gott, bitte gib, dass die Tiere unter mehr Naturschutz sind und nicht so viele Tiere aussterben und hilf, dass nicht so viel Unfälle passieren und dass nicht so viel Umweltverschmutzung passiert und dass nicht so viele Kriege sind. Amen.
Johanna

Johanna

Bitte, lieber Gott, mach, dass die Adler nicht aussterben. Amen.

Henning

Lieber Gott, bitte gib, dass die Riesenotter nicht aussterben. Amen.

Stefan

Unsere dunklen Ängste und Sorgen. Gott, ich habe Angst, wenn ich allein bin, wenn keiner zu mir hält und alles um mich herum dunkel ist. Wenn meine Eltern sich streiten, habe ich Angst, sie zu verlieren. Ich fürchte mich auch, dass ihnen etwas passieren könnte. Nachmittags gehen wir oft zum Haustierfriedhof in Sophies Garten und sind traurig, weil da unser Vogel Sternchen liegt. Zum Glück hilfst du uns, die Angst zu vertreiben. Wir wissen, dass wir mit unsern Sorgen immer zu dir kommen können. Amen.

Lieber Gott, ich habe große Angst, denn ich bin allein und weiß nicht, was ich tun soll. Bitte steh mir bei. Amen.

Sascha

Gott, höre mich an. Ich mache mir Sorgen um Nicki. Bitte guck nach ihr. Ich mache mir Sorgen. Amen.

Rebecca

Bitte Gott, beschütze mich.

Lieber Gott, manchmal bin ich traurig, weil meine Mama krank ist, weil ich Angst habe, weil es dunkel ist. Lieber Gott, wie gut, dass ich dir alles sagen kann.

Lana

Lieber Gott, meine Oma ist im Krankenhaus. Sie ist schon operiert. Hoffentlich hat es nicht so weh getan. An meinem Geburtstag soll bitte auch von meiner Mutter der Daumen nicht so weh tun und die ganze Familie gesund bleiben. Amen.

Lieber Gott, ich wünsche mir, dass Papa und Mama wieder zusammenziehen und Papa Annelie nicht mehr als Hexe bezeichnet. Auch noch, dass Mama mehr Geld zur Verfügung hat, dass Papa nicht mehr mit Mama streitet und dass wir wieder zusammen in den Urlaub fahren, weil Mama für Urlaube mit dem Flugzeug nicht allein so viel Geld hat und Papa sucht sich ohne Mama immer gefährliche Reiseziele aus, so wie Djerba letztes Jahr und dieses Jahr wollte er an den Plattensee. Amen.

Lieber Gott, danke, dass du meine Familie bei dem Autounfall beschützt hast.
Ich bin dir dankbar dafür. Danke, dass wir noch leben.

Justine

Kimberle

Guter Gott,

du bist verborgen vor unseren Augen
und doch gehst du an unserer Seite.
Auf den verschlungenen Pfaden unseres Lebens
begleitest du uns auf Schritt und Tritt;
und da, wo unser Weg dunkel erscheint,
willst du uns weitertragen.
Wir bitten dich,
stärke unsere Fähigkeit zum Mitgehen,
zum Mittragen und zum Mitteilen,
damit wir einander
Stütze und Halt werden
in den Wüsten und Traurigkeiten des Lebens.
Amen

Wenn ich nicht weiß, was kommt …

Lieber Gott,

es gibt ganz viel, was ich nicht verstehe.
Die Welt ist so schwierig.
Es ist gut, wenn Mama oder Papa
Zeit für mich haben
und mir alles erklären
Amen

Lieber Gott,

ich möchte oft, dass alles leicht und schön ist.
Aber das ist nicht immer so.
Manchmal gibt es so viel Trauriges.
Dann weiß ich gar nicht,
was ich dagegen machen kann.
Hilf mir.
Amen

Gott,

ich bitte dich um Geduld für andere.
Lass mich sehen,
was ich mit anderen teilen kann:
meine Zeit, meine Kraft,
meine Gedanken und Fragen
und meine Gefühle.
Lass mich merken,
dass du da bist,
wo ich für andere da bin.
Amen

Guter Gott,

geh mit mir auch die dunklen Wege.
Darum bitte ich dich.
Amen

Lieber Gott, ich bitte dich, ich leg mich jetzt zur Ruh, mach, dass alle Menschen lange leben und im Herzen gut sein mögen. Leg deine Hand über meine Familie und lass sie unbesorgt schlafen. Amen.

Dieses Gebet sage ich, wenn ich meinen Vogel abends vermisse: Lieber Gott! Ich vermisse meinen Vogel schon seit 2 Jahren. Es hat mich geärgert, dass meine Schwester die Tür von ihrem Kinderzimmer aufgelassen hat. Dann ist mein Vogel Max vor Angst aus der Tür in die Küche und dann aus dem Fenster geflogen. Als wir nach Hause kamen, war Max weg. Seit dem Tag bete ich.

Pia

Pascal

Lieber Gott im Himmel! Bitte hilf mir, weil ich eine schwere Arbeit schreibe. Ich habe Angst, dass ich eine schlechte Zensur schreibe, also wäre es schön, wenn du mir hilfst. Amen.

(Wir sind drauf gekommen, weil wir Angst vor schlechten Zensuren haben.)

Lieber Gott, ich wünsche mir, dass meine Eltern nicht mehr böse sind.

Siyamed

Lieber Gott, beschütze uns und dass ich einen guten Schulabschluss habe. Und spreche mal zu mir.

Jacqueline

Lieber Gott! Wäre es möglich, dass du mir bei dem Diktat hilfst und mir Glück wünschst?

Peter

Lieber Gott! Bitte, mach, dass Opa keinen zweiten Knoten an den Stimmbändern bekommt. Amen.

(Das habe ich einmal gebetet, weil ich meinen Opa so liebe und weil ich ihn nicht verlieren möchte.) Julia

Lieber Gott, ich wünschte, meine Mutter und mein Vater würden sich wieder vertragen. Bitte beschütze mich. Amen.

Katrin

Leeve Vader im Himmel.
De Sömmerfeerjen sünd vörbi. Ik mutt mörgen na d' School. De is so völ groter as uns Kinnergaarn waar ik das lesde Jahr weer uns so moi spölen kunn. Ik hebb' en raar Geföhl in mi. Of ik mien Klass woll finn? Of ik de Mester woll lieden mag?
Ik mutt nu lesen, schrieven, reken und mutt ok al Engelsk lernen. Dat is all so völ un so neei för mi. Laat mi en goden Fründ finnen mit de ik proten un up de ik mi verlaten kann. Amen.

Schule ist wie die Zeit. Zeit vergeht. Schule auch. Es war sehr schön in der Grundschule, besonders mit meinen Freunden. Nun müssen wir Abschied nehmen von unserer kleinen Schule und von unseren Lehrerinnen. Wir kennen uns alle so gut. Abschied ist wie Schmerzen, das ist meistens so. Aber sie gehen vorbei, weil was Neues kommt. Noch habe ich ein wenig Angst, aber nur am Anfang. Ich bin gespannt auf neue Freunde und neue Lehrer. Lieber Gott, ich weiß, du bist bei uns, hier und in der neuen Schule. Beschütze uns bitte auf allen Wegen. Wenn du deine Hand über uns hältst, dann wird alles gut. Amen.

Lieber Gott, mach, dass mein Gyrosröllchen, also mein Meerschweinchen Merli, wieder lebt! Wenn du es nicht schaffst, lass mich ihn nicht vergessen.

Miriam

Wenn ich allein bin und es ist dunkel – du bleibst bei mir. Die Dunkelheit kann mir nichts tun. Ich danke dir. Amen.

Tabea

Lieber Gott, mir fällt es schwer zur Schule zu gehen. Der Weg ist sehr weit. Ich bitte dich, dass wir nicht immer beim Fußball verlieren. Lieber Gott, ich bitte dich, dass es nicht mehr so regnet.

Jonas

Lieber Gott, bitte lass mich gesund sein, dann kann ich wieder richtig spielen. Amen.

Maik

Lieber Gott, ich möchte, dass kein Krieg mehr ist und dass alle in Ruhe leben können. Auch die in anderen Ländern. Bitte tue mir den Gefallen. Dass Frieden herrscht auf der ganzen Welt. Dass keine Leute mehr hungern müssen. Dass alle Kinder glücklich sind und natürlich auch die Erwachsenen. Die Menschen vor Seuchen und Krankheit verschont werden. Amen.

Jana

Lieber Gott, ich wünsche mir, dass meine Eltern, mein Bruder und meine Omas und Opas gesund bleiben. Das die armen Menschen etwas zu Essen bekommen und endlich Frieden auf der Welt einkehrt. Ich wünsche mir, dass unser Haus nicht abbrennt und meinen Freunden nichts passiert. Außerdem bitte ich dich, auf mein Kaninchen aufzupassen. Amen.

Tobias

Dennis

Guter Gott,

die Wege, die wir in unserem Leben gehen,
sind nicht immer leicht und eben.
Manchmal haben wir das Gefühl,
wie in einem finsteren Tal zu gehen.
Wir fühlen uns verlassen und haben Angst.
Gib uns den Glauben und das Vertrauen,
dass du auch dann bei uns bist, dass du uns trägst.
Und gib uns die Kraft,
in diesem Glauben andere Menschen,
die uns anvertraut sind, mitzutragen.
Wir bitten dich für alle, die finstere Täler erleben.
Sei du ihnen nahe
und führe sie auf guten Wegen wieder ans Licht.
Amen.

Wenn Krankheit oder Tod uns treffen …

Lieber Gott!

Alle im Haus sind ganz traurig – ich auch.
Ich möchte am liebsten die Augen zumachen
und nichts mehr wissen
von aller Traurigkeit.
Aber ich weiß, das geht nicht.
Hilf mir.
Amen

Guter Gott,

ich bin sehr traurig.
Krankheit und Sterben sind mir
ganz nahe gekommen.
Ich finde gar keine Worte.
Ich merke, wie sehr ich andere brauche.
Hilf du mir durch diese Tage.
Amen

Lieber Gott,
ich weiß nicht, was ich sagen soll.
Ich finde keine Worte,
weil ich nur noch traurig bin.
Und andere Leute, die mich trösten wollen,
höre ich gar nicht richtig.
Alles um mich herum erscheint mir dunkel.
Es ist wie in einem Tunnel,
aus dem ich keinen Ausweg weiß.
Halte mich fest in diesen Tagen.
Amen

Ich fühle mich so hilflos, lieber Gott.
Und ich möchte auch gerne helfen,
aber ich weiß nicht wie.
Ich möchte hoffen können.
Gott, ich brauche dich.

Lieber Gott, warum, wenn ich krank bin, bin ich in den Ferien krank.
Warum nicht in der Schulzeit. Das ist gemein.

Konstantin

Lieber Gott, in letzter Zeit sind viele gestorben, nimm sie auf zu dir. Alle trauern. Sei jetzt für immer für sie da. Sie brauchen Hilfe. Lass es ihnen gut gehen. Lass Frieden auf der Erde sein für immer. Amen.

Miriam

Gott helfe meinem Opa! Er ist sehr krank.
Schütze ihn! Bitte!

Marno

Lieber Gott, ich denke jeden Tag daran, wie es wäre, meine Oma wieder zu sehen. Ich vermisse sie so. Warum musste sie von uns gehen? Wenn ich jetzt darüber nachdenke, könnte ich anfangen zu weinen. Ich vermisse sie. Amen.

Bittgebet: Lieber Gott! Lass meinen Hund Calvan im Hundehimmel glücklich werden. Amen.

(Als mein Hund Calvan eingeschläfert worden war, betete ich dieses Gebet.) Daniel

Lieber Gott, wieso hast du meinen Opa zu dir genommen? Papa und Mama und ich und seine Frau waren auch sehr traurig. Amen.

Annika

Lieber Gott, warum hast du mir so etwas angetan? Du hast meine Oma weggenommen. Ich habe sie so lieb gehabt. Amen.

Laura

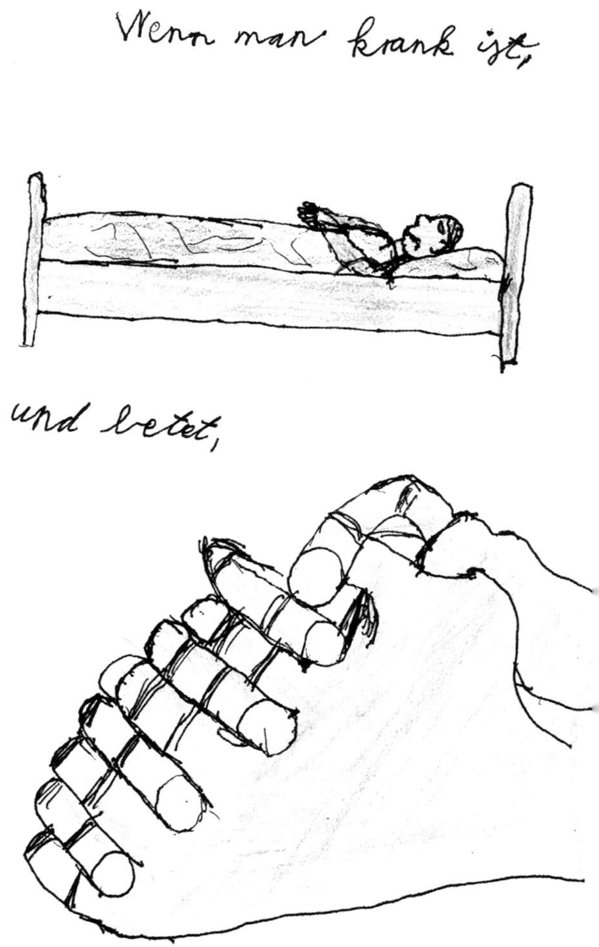

Lieber Gott, mein Hund Carlo ist tot und ich bin traurig. Ich wünsche mir einen neuen Hund. Amen.

Lara

Lieber Gott, mein Vater ist gestorben.
Es sollte eigentlich nicht passieren.
Amen.

Niklas

Ich bete manchmal, weil eine Bekannte von mir an Krebs leidet: Lieber Gott, bitte lasse sie wieder gesund werden, denn ich finde, jeder Mensch hat das Recht zu leben, besonders weil sie noch ein Kind ist. Ich hoffe, dass es bald ein Heilmittel für tödliche Krankheiten und solche, die nie weggehen, gibt. Die Menschen plagen sich meist ein Leben lang mit solchen schweren Krankheiten. Ich danke dir, dass meine Familie und ich gesund sind.

Natascha

Lieber Gott! Mein Opa hatte einen Herzinfarkt. Ich wünsche mir, dass Opa bald wieder aus dem Krankenhaus kommt und es ihm wieder besser geht. Ich bitte dich, schütze Opa. Das ist mir erst mal am wichtigsten. Amen.

(Das bete ich abends, weil ich dann an meinen Opa denke. Wenn ich für Opa gebetet habe, kann ich gut einschlafen.) Kevin

Lieber Gott, ich bin traurig, weil meine Oma und Opa gestorben sind und ich habe sie nie gesehen.

Danke, lieber Gott, dass es meiner Oma
bei dir gut geht im Himmel. Amen.

Yasmin

Lieber Gott, wie geht es meinem kleinen
Hasen? Er ist tot. Amen.

Kim

Lieber Gott, meine Schwester ist krank.
Ich möchte, dass sie wieder gesund wird.

Deine Merle

Lieber Gott, ich bin traurig, dass meine Oma gestorben ist, aber es ist sicher besser gewesen, dass sie gestorben ist, als noch länger die Schmerzen zu ertragen. Amen.

Anna-Katharina

Lieber Gott, ich vermisse unseren Kater. Er wurde von einem Auto angefahren. Hoffentlich ist er bei dir im Himmel gut aufgehoben, das wünsch ich auch den anderen verstorbenen Tieren. Bitte pass gut auf sie auf. Ich danke dir dafür.

Kristina

Lieber Gott, ich bete für meine Mutter im Himmel. Für meine Oma und ihre Hündin Shiela. Meine Uroma soll noch lange leben.

Jana

Lieber Gott, ich bitte dich, dass du meine Oma und meinen Opa beschützt und meine Mama und meinen Papa beschützt und alle Leute auch. Ich habe alle lieb. Mein Hamster Teddy ist tot. Wie geht es dem da oben? Ich wünschte, dass ich Teddy wiedersehe. Ich bin traurig. Bitte Gott, lass mich Teddy wiedersehen, weil ich Teddy lieb habe.

Saskia

Lieber Gott, wir trauern um Sebastian. Du hast Sebastian zu dir genommen. Wir wollten nicht, dass er geht und trotzdem ist er gegangen. Bitte nimm ihn im Himmel auf und beschütze ihn und die anderen Menschen.

Janina

Lieber Gott, ich wünsche meinem Opa im Himmel ganz viel Glück. Amen.

Sarah

Lieber Gott, mein Papa ist am Wochenende ins Krankenhaus gekommen. Wir haben alle geweint.

Emina

Lieber Gott, warum musste meine Schwester oder mein Bruder sterben? Wir haben nicht einmal erfahren, ob es ein Junge oder ein Mädchen geworden wäre. Meine Mutter ist beim Schützenfest in ein Drehfahrzeug eingestiegen. Warum hast du, lieber Gott, nicht geholfen? Trotzdem danke, dass meiner Mutter nichts passiert ist. Amen.

Anahita

Lieber Vater im Himmel, ich denke an meinen Papa, der nicht mehr lebt. Ich bin ganz traurig darüber. Gott, hilf uns mit unserer Trauer besser fertig zu werden. Behüte meine Mutter, mein Bruder und Frau Grau, Frau Afsari und Herrn Gläßer. Amen.

Nico

Lieber Gott, wir bitten dich, dass Sophie wieder gesund wird. Dass sie noch 8 Jahre alt wird. Sie leidet an der Blutkrankheit. Amen.

Guter Gott,

wir brauchen die Gemeinschaft mit anderen Menschen.
Wir sind dankbar und glücklich,
wenn das Vertrauen zu anderen Menschen gelingt.
Wir bitten dich für alle, die Not leiden,
die trauern,
die krank sind
oder sich allein gelassen fühlen.
Lass sie Freunde finden;
gib ihnen Menschen an die Seite,
die trösten können und Lasten mittragen.
Lass uns ein Stückchen
des Himmels auf der Erde finden,
dadurch dass wir uns umeinander bemühen.
Amen

Wir brauchen Geländer zum Leben

Lieber Gott,

oft möchte ich etwas ganz gerne.
Dann wird es mir nicht erlaubt
oder ich bekomme es nicht.
Dann ärgere ich mich.
Verstehst du Mama und Papa?

Lieber Gott!

Manchmal verstehe ich nicht,
warum etwas verboten ist.
Dann muss ich meine Wut runterschlucken.
Das fällt mir schwer.
Amen

Guter Gott,

manchmal mache ich Fehler.
Manchmal tue ich anderen Unrecht.
Manchmal weiß ich nicht mehr,
wie es weitergehen soll.
Gib mir offene Augen für einen Ausweg.
Lass mich auch erkennen,
dass andere mich lieb haben und brauchen.
Amen

Lieber Gott,

mein Leben ist wie ein Weg.
Und manchmal komme ich zu einem neuen Ufer.
Dann ist es gut, wenn ich ein Geländer habe,
etwas zum Festhalten;
meine Familie oder Freunde,
die mich lieb haben.
Auch du gibst mir Geländer zum Leben.
Auf dich kann ich mich verlassen.
Das ist gut.

Lieber Gott, ich war mal ganz gemein und jetzt möchte ich artig sein, aber Gott, nimm es nicht so schwer, ich habe ein weiches Herz. Amen.

Lieber Gott, ich will dich sehen und hören können. Amen.

Pauline

Lieber Gott, beschütz' alle Menschen Tag und Nacht, besonders die Straßenkinder, die nichts zu essen und zu trinken haben. Lass alle eine Arbeit finden und dass Frieden auf der Erde ist. Und dass es keinen Krieg gibt wünsche ich mir. Denn da sterben viele Menschen, auch die, die nichts damit zu tun haben. Gib jedem Mensch eine Chance, sich zu bessern. Amen.

Irina

Lieber Gott, ich möchte zu dir kommen und auch an deinen Sohn glauben, denn er ist für uns am Kreuz gestorben. Leider glauben die meisten Menschen nicht an dich, und wollen nichts von dir wissen. Die Menschen haben auch Himmelfahrt in Vatertag umbenannt. Ich glaube an dich, lieber Gott, und an Jesus und den Heiligen Geist. Amen.

Vera

Lieber Gott, du sollst, wenn wir im Wasser spielen, uns viel Glück bringen und uns bitte beschützen. Halte du uns fest und lass uns nicht stolpern. Amen.

Antonia, Valentin, Svea

Die Hoffnung. Wenn man ein Kind ist, dass eine Krankheit hat, dann sollte man nicht aufgeben, sondern zum lieben Gott beten. All die Hoffnung, all der Segen begegnet uns auf diesen Wegen. Wir brauchen viel Mut, dann wird alles gut. Der Sonnenschein soll immer bei uns sein.

Marie-Theres

Nadia betet so: »Gott, es gibt vieles, was ich nicht mag. Ich zähle dir einfach mal zwölferlei auf. Überleg doch bitte mal, ob du das eine oder andere nicht abschaffen oder wenigstens ein bisschen ändern kannst! 1. Ich möchte nicht, dass es Krieg gibt. Kannst du es ändern? 2. Mein Bruder nervt mich. Kannst du mir helfen, besser mit ihm auszukommen. 3. Ich finde es schlimm, dass arme Leute nichts zu essen haben. 4. Kannst du das Wetter nicht schöner machen? 5. Ich finde es schlimm, wenn ich etwas falsch mache! 6. Ich möchte keine Hausaufgaben aufhaben. 7. Ich mag keinen Streit. 8. Ich mag nicht mit Helm Fahrrad fahren. 9. Ich mag keine Spinnen. 10. Ich mag es nicht, wenn ich zuwenig Süßigkeiten habe. 11. Ich möchte nicht, dass andere mich ärgern. 12. Ich möchte nicht, dass andere mir etwas wegnehmen.«

Nadia

Kira

Gott, es gibt vieles, was ich nicht mag. Ich zähle dir einfach mal zwölferlei auf. Überleg doch bitte mal, ob du das eine oder andere nicht abschaffen oder wenigstens ein bisschen ändern kannst! 1. Die Jugendlichen sollen uns nicht immer so blöd anreden. Weil ich das nicht mag. 2. Ich möchte nicht, dass die anderen Kinder mich anlügen, sonst weiß man gar nicht, ob sie die Wahrheit sagen. 3. Die Hunde sollten besser an der Leine geführt werden, sonst kriegt man Angst. 4. Ich möchte nicht, dass Krieg herrscht. Es sterben immer so viele Menschen dabei. 5. Es soll nicht mehr so viele böse Menschen geben. Sie stellen immer so viele böse Sachen an. 6. Meine Mutter kocht manchmal Essen, was ich nicht mag. Das finde ich überhaupt nicht gut. 7. Ich finde es nicht gut, wenn ich krank bin. Weil ich dann nicht zur Schule gehen kann. 8. Ich mag nicht gerne zusehen, wenn andere Kinder geärgert werden, weil sie sich ja nicht wehren können. 9. Mein kleiner Bruder nervt mich immer, das finde ich nicht in Ordnung. Ich kriege Kopfschmerzen davon. 10. Ich habe die Nase voll von den zickigen Mädchen. Sie geben immer so an. 11. Ich möchte nicht mehr so still im Unterricht sein, sonst kriege ich eine schlechte Note. 12. Ich möchte nicht, dass die Wochen in der Grundschule so schnell vergehen, weil wir die Grundschuljahre so sehr lieben.

Cornelia und Michaela

Wir danken dir, dass wir zusammen so tolle Sachen machen. Denke aber auch an die Kinder, die alleine sind und hilf ihnen, Freunde zu finden.

Lieber Gott, die Kerze ist wie unser Leben und so wie die Kerze brennt, so brennt auch unser Leben ab. Aber lass unser Leben nicht durch einen Krieg erlöschen, sondern lass es ganz natürlich abbrennen. Ich hoffe, dass es den Kindern in den Kriegsgebieten besser geht und dass sie kein verseuchtes Wasser mehr trinken müssen. Amen.

(Hallo, ich heiße Julia und bin 9 Jahre alt und gehe in die 3. Klasse der Grundschule. Wieso ich Menschen mit der Kerze vergleiche, ist im Grunde ganz einfach. Um so älter sie werden, um so kürzer ist auch unsere verbleibende Lebenszeit. So ist es auch bei der Kerze. Sie brennt und brennt und erlöscht. Das andere, das ich in meinem Gedicht beschrieben habe, kann ich nicht so richtig erklären. Deshalb hoffe ich, dass das Gebet in vielen Familien gelesen wird. Ich bete dieses Gebet morgens und abends, wenn es mir schlecht geht oder wenn ich traurig bin.)

Gott ist da, wenn wir spielen. Spielen macht Spaß. Aber es kann viel passieren. Deshalb bitten wir dich: Lieber Gott, beschütz uns, dass wir nicht vom Baum fallen oder vom Fahrrad stürzen. Und dass wir nicht vor ein Auto laufen. Beschütze uns bitte auch vor bösen Menschen, die uns ärgern oder etwas wegnehmen wollen. Wir bitten dich, dass immer viele Kinder da sind, mit denen wir spielen können und dass wir uns beim Spielen nicht streiten. Sende uns auch viele gute Ideen, was wir spielen können, wenn uns mal langweilig wird. Wir möchten dir aber auch danken: Dafür, dass wir Geschwister und Freunde haben. Dass es Menschen gibt, mit denen wir uns gut verstehen und mit denen wir gerne spielen. Wir möchten dir auch dafür danken, dass wir einen Garten haben, in dem wir spielen dürfen. Und dafür, dass wir ein eigenes Zimmer mit schönen Spielsachen haben. Danke, dass unsere Eltern Geld haben, um uns Spielsachen zu kaufen. Ganz besonders möchten wir dir aber dafür danken, dass wir gesund sind und Hände zum Greifen und Füße zum Laufen haben. Dafür, dass wir sehen, hören und reden können. Wir möchten oft lachen und fröhlich sein, um dir so unseren Dank zu zeigen. Amen.

(aus einem Kindergottesdienst)

Corinna

Lieber Gott, wir danken dir für diesen schönen Tag. Wir haben gelacht und geweint. Mache, dass in der Nacht nichts Schlimmes passiert. Und mache, dass jedermann gut schlafen kann.

Sarah

Lieber Gott, alle brauchen dich. Auch die, die nicht an dich glauben. Es gibt viele schreckliche Dinge auf der Welt: Apartheid, Rassismus, Hunger, Durst, Krankheit, Obdachlose, Mord, Verbrechen, Misshandlungen und mehr. Kannst du uns helfen, das wieder hinzubekommen? Wenn du die Kraft hast, den Menschen beizubringen, dass man an Essen, Wasser, Geld und Häusern sparen muss, dann bist du super! Amen.

Helen

Guter Gott,

schenke uns deinen heiligen Geist.
Manchmal wissen wir nicht, was richtig ist oder falsch.
Dann brauchen wir einen Wegweiser,
etwas, was uns die Richtung anzeigt.
Wir bitten dich um Orientierung in schwierigen Zeiten.
Amen

Ich habe mich festgebissen

Lieber Gott!
Ich bin mir ganz sicher,
dass ich Recht habe.
Und ich will auch nicht nachgeben.
Aber jetzt fühle ich mich allein.

Lieber Gott,
keiner versteht mich.
Jedenfalls kommt es mir so vor.
Kannst du mir einen Ausweg zeigen?

Lieber Gott,
ich glaube, ich habe mich festgebissen.
Ich bin ganz stur geblieben
und war mir meiner Sache ganz sicher.
Aber jetzt weiß ich keinen Weg,
der mich zurück führt.
Hilf mir.

Gott,
nachgeben fällt mir so schwer.
Und es fällt mir auch schwer,
anderen zu verzeihen.
Ich müsste über meinen Schatten springen.
Gib mir dazu die Kraft.
Amen

Danke! Ich darf leben. Auch wenn ich Fehler mache, du vergibst mir und ich darf weiterleben.

Lieber Gott! Bitte beschütze alle Menschen und Kinder. Sie sollen normal leben wie fast alle Menschen auf der Erde. Amen.

Natalia

Lieber Gott, es tut mir Leid, dass ich meinen Opa so geärgert habe, er ist nämlich sehr alt und kann nicht mehr so viel Sachen machen. Und ich glaube, dass er bald sterben wird. Ich wünsche mir, dass mein Opa nicht so früh stirbt. Und dass alle, die ich kenne, gesund bleiben. Und dass ich mich nicht so oft mit meiner Schwester streite. Das Wahre ist, wer sich oft streitet, hat sich ganz doll lieb. Und ich bete für alle Kinder, denen es schlecht geht.

Luisa

Lieber Gott, bitte hilf den Kindern, die in Not sind und arbeiten müssen, dass sie zur Schule gehen können. Auch den Menschen, damit für sie eine bessere Welt entsteht. Und das es keinen Krieg mehr gibt. Das keine Menschen leiden müssen und traurig sind.

Jennifer

Gott hilf, oh Gott, hilf uns, wenn es uns schlecht geht, wenn wir krank sind oder schlimme Schmerzen haben. Hilf uns, wenn wir Angst haben, hilf uns, wenn wir einen anderen Menschen brauchen. Hilf allen, die Hilfe brauchen.

Lieber Gott, ich wünsche mir, dass ich besser in der Schule bin.

Luisa

Lieber Gott! Ich habe Mist gebaut, bitte gib mir deinen Segen, damit ich Mut habe, es zu sagen!

Franzis

Lieber Gott, ich möchte groß und stark werden und dass meine Schwester ihren Freund wiederkriegt und dass meine Mutter keine Rückenschmerzen mehr hat.

Nina

Lieber Gott, bitte! Bitte vergib mir meine Schuld, denn was ich verkehrt gemacht habe, tut mir Leid. Ich freue mich auf den neuen Tag und hoffe, dass du den mir mit Freuden ausfüllst. Bitte mach auch, dass meine Eltern und Tiere lange leben und gesund sind. Bitte beschütze alle Menschen und Tiere auf der ganzen Welt und mach, dass sie glücklich sind. Amen.

Nicole und Cora

Lieber Gott, ich danke dir für diesen schönen Tag. Vergib mir meine Sünden, die ich heute begangen habe. Ich werde versuchen, alles zu begleichen. Und ich danke dir dafür, dass das Essen so gut war, dass du mir einen Schutzengel geschickt hast und dass gutes Wetter war. Noch bitte ich dich, dass du mich heute Nacht vor Albträumen bewahrst. Amen.

Jordan und Simon

Lieber Gott, ich bin traurig, weil ich beim Geländelauf Vorletzter geworden bin. Darüber bin ich sehr traurig.

Tim

Wenn ich allein bin, möchte ich bei Mami sein. Lieber Gott, ich mag dich sehr, aber mein Meerschweinchen auch. Amen.

Denise

Lieber Gott, ich bete, dass du meine ganzen Sorgen wegmachst. Danke, dass du uns zu Essen gegeben hast. Amen.

Antonja

Lieber Gott, hör mir bitte zu. Ich bin sehr traurig. Ein guter Freund ist heute gestorben. Er war ein sehr lieber Hase. Ich konnte ihn auf den Arm nehmen und ihn streicheln. Hilf mir, das zu vergessen.

Jasmin

Gnädiger Gott,
zeige uns Auswege
wenn wir in Sackgassen stecken.
Stärke unseren Mut, wieder neu miteinander zu beginnen.
Schenke uns deinen guten Geist zur Versöhnung.
Amen

Die Welt ist so groß und bunt

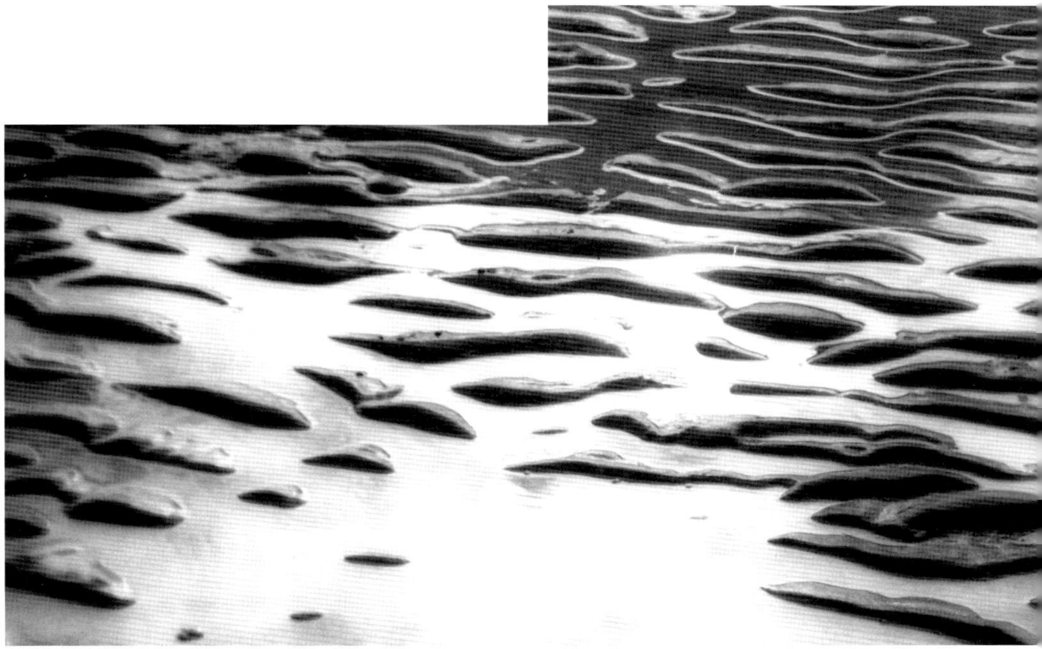

Lieber Gott!

Jeden Tag lerne ich etwas Neues.
Die Welt ist so groß und so bunt.
Ob ich wohl jemals mit dem Lernen
fertig werde?

Gott,

wenn wir am Meer sind
und ich kein Ende sehen kann;
oder wenn ich abends in den Himmel sehe
und mich frage, wo er wohl aufhört ...
Dann fühle ich mich ganz klein
und unbedeutend.
Aber für dich ist nichts zu klein –
Ich auch nicht.
Das ist gut.
Amen

Lieber Gott,
unendlich groß ist diese Welt
und ich bin nur ein kleiner Teil davon.
Aber du liebst alle deine Geschöpfe
auch die ganz kleinen –
auch mich.
Darüber bin ich froh.
Amen

Guter Gott,
um mich herum gibt es so viel Engstirnigkeit.
So viele Menschen verstehen sich nicht.
Wegen Kleinigkeiten gibt es Streit.
Dabei ist die Welt so groß und wunderbar.
Hilf mir, das nicht zu vergessen.

Lieber Gott, mich freut, dass du die runde Welt gebaut hast, die Welt ist so rund und schön, danke, danke schön. Die Blumen und die Bäume, sie sind so rund und schön, und die Rosen und die Tulpen, hast du sie gesehen, so rot und weiß und wunderschön, danke Gott.

Sener

Lieber Gott im Himmelszelt, beschütz' unsere Welt, die Vögel, die Füchse, die Hunde, die Erde, die Menschen und die Pferde. Amen. Lieber Gott, ich hab dich lieb, deswegen singe ich dir gern ein Lied.

Nina

Lieber Gott. Im Kindergarten machen wir oft Musik. Wir haben viele Instrumente. Ich darf die Trommel schlagen. Das tue ich gerne. Lieber Gott, mit anderen Musik machen ist schön. In der Weihnachtszeit backen wir Plätzchen. Ich darf dabei helfen. Ich steche Blumen, Herzen und Sterne aus.
Das kann ich sehr gut. Lieber Gott, es ist so schön, dass ich beim Plätzchenbacken helfen darf.

Eduard

Lieber Gott, wir beten zu dir, weil wir dich mögen und du unser Vater bist. Danke, dass wir alle hier beim Kindergottesdienst sein dürfen. Danke für die Lieder, die wir singen. Wir sind froh, dass wir für unser Patenkind Matsila sorgen können. Danke, dass sie zur Schule gehen kann, Kleidung, Essen und Trinken bekommt. Wir bitten dich auch um Hilfe, dass wir in der Schule gut lernen können. Hilf uns beim Streit, dass wir uns wieder vertragen und um Verzeihung bitten können. Schenk uns Frieden in unserer Familie. Lieber Vater, wir bitten dich jetzt um deinen Segen. Amen.

(aus einem Kindergottesdienst)

Mathis

Lieber Gott, wir danken dir, dass du uns in der letzen Nacht behütet hast und dass wir an diesem Morgen in fröhlicher Runde Kindergottesdienst feiern können. Wir bitten dich, dass dieser Sonntag und folgenden Tage schön werden mögen. Wir bitten dich auch für andere Menschen, die traurig sind, Angst haben, hungern müssen oder krank sind, lass sie deine Nähe spüren. Amen.

Lieber Gott, ich wünsche mir, dass meine Katzen Möhrchen und Löfchen noch sehr alt werden. Ich wollte mich noch bedanken, dass meiner Oma nichts passiert ist. Und wollte mich bedanken, dass mir nicht all so viel passiert ist, als ich vom Pferd gefallen bin. Amen.

Lieber Gott, ich danke dir, dass du immer auf mich aufpasst und ich bin froh, dass ich ein Dach über dem Kopf habe. Amen.

Lasse

Danke Herr, dass so viele Menschen auf der Welt gesund sind. Bitte mach, dass die Ärzte immer die richtige Medizin finden. Bitte mach, dass alle Menschen und Tiere auf der ganzen Welt gesund werden und auch gesund bleiben. Und dass die Rentner auch gesund werden und bleiben.

Björn und Steffen

Lieber Gott, danke für diesen schönen Tag. Stell die Engel vor mein Bett. Und hilf, dass Papa die große Schulküche verkauft. Mache auch, dass morgen schönes Wetter ist. Danke. Amen.

(Ich bete es immer im Bett. Ich habe es gelernt, als ich ganz klein war, da habe ich es mir ausgedacht. Bis auf eins: Das mit der Küche bete ich ungefähr seit einem Monat.) Sarah

Ich danke dir einfach für alles auf der Welt, auch wenn manches mir nicht gefällt, dann soll es wohl so sein.

Lieber Gott, ich danke dir für viel. Wie machst du das eigentlich? Heißt du eigentlich nur Gott oder noch anders? Eigentlich denke ich oft, was du immer machst.

Sophia

Lieber Gott, ich danke dir für die Gesundheit meiner Familie. Und ich wünsche mir, dass es so bleibt. Meinem Vater, der Fußball spielt, wünsche ich viele Tore. Und meiner Mutter, die studiert, viel Glück bei ihrem Beruf. Lara, meiner Schwester, wünsche ich viel Glück. Und Jenny, meiner kleinsten Schwester wünsche ich viele Freundinnen und Freunde. Amen.

Lieber Gott, ich freue mich, dass ich schön wohnen kann. Amen.

Lieber Gott, danke für die Erde. Es macht Spaß auf Wiesen zu spielen.

Katharina

Gott sei vor uns und führe uns. Gott sei hinter uns und schütze uns.
Gott sei neben uns und begleite uns. Gott sei in uns und liebe uns.
Gott sei unter uns und trage uns. Gott sei über uns und segne uns.
So segnet uns Gott, Vater und Mutter. Amen.

Diem

Jesus ist Weihnachten geboren! Es war ein Wunder, zugleich ist er Maria und Josefs Kind und Gottes Kind.

Judith

Großer Gott,
lass uns im Kleinen das Großartige entdecken
und im Großen die Einzelheiten nicht übersehen.
Schenke uns den richtigen Blick
für die Wunder dieser Welt.
Amen

Ich brauche Maßstäbe zum Leben

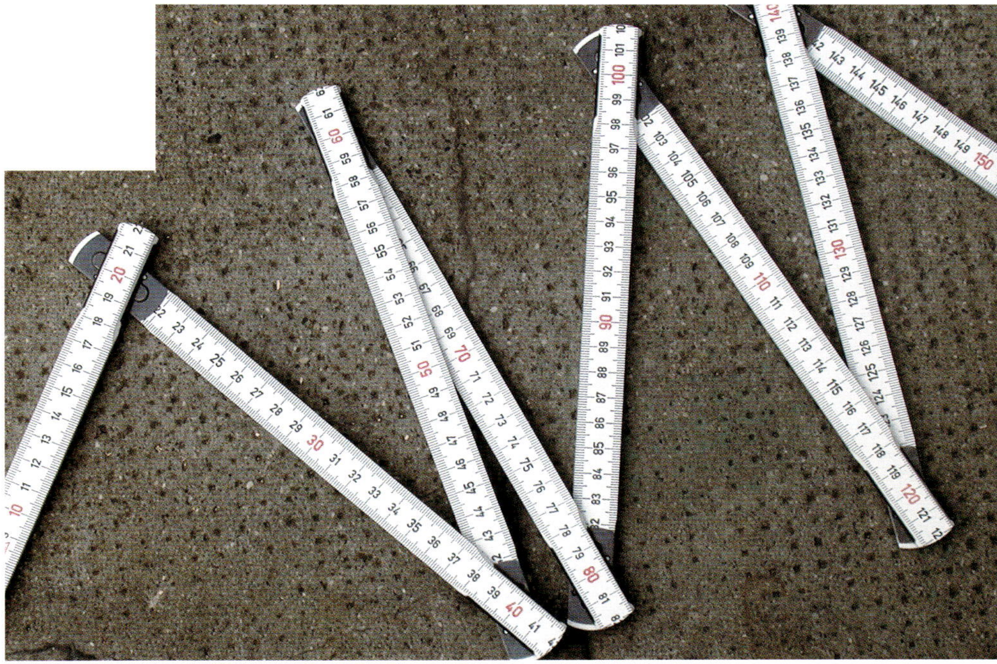

Lieber Gott,

manchmal weiß ich nicht,
was richtig oder falsch ist.
Dann ist das Leben gar nicht einfach.
Hilf mir, mich klug zu verhalten.
Amen

Guter Gott,

wenn andere einen Fehler machen,
sehe ich das sofort.
Wenn ich etwas falsch mache,
will ich das lieber gar nicht sehen.
Schenke mir den richtigen Blick.
Amen

Lieber Gott,
oft vergleiche ich mich mit anderen Kindern.
Manchmal finde ich die anderen besser –
manchmal auch mich selber.
Aber wenn ich genau hinsehe,
hat jeder Mensch etwas Besonderes.
Das ist gut.
Amen

Was ist gut?
Was ist böse?
Das sind so kurze Fragen
und trotzdem so schwere.
Ich wüsste gern jedes mal
die richtige Antwort, lieber Gott.

Lieber Gott, heute hab ich aus Versehen eine Scheibe eingeschlagen. Was soll ich tun? Soll ich mich entschuldigen?

Annika

Allzeit-Gebet:
Danke, guter Vater, dass du uns alles geschenkt hast und noch viel, viel mehr als wir brauchen. Leider gibt es Gemeinheit unter den Menschen, die Heimatlosigkeit und das Verstoßen gegen Deine Gebote. Du sollst nicht töten und du sollst den Feiertag heiligen. Bitte, Herr, lass alle Menschen später zu Dir in den Himmel kommen. Es ist traurig, dass andere kein Geld haben, hungern und dursten müssen und dass Kinder nicht in die Schule gehen können. Bitte schenke du den Eltern Arbeit, damit sie sich Wasser und Brot kaufen können. Wir dürfen uns lieben, aber leider auch streiten. Bitte lass es nicht mehre zu heftigen Streit und Krieg kommen. Und vergib mir bitte, wenn ich etwas falsch mache. Es gibt Kranke, die wir pflegen, auf dass sie wieder gesund werden. Bitte hilf uns, dass wir immer neue Kraft kriegen und nicht verzagen. Halleluja.

(Dieses Gebet kann man immer beten, denn es ist alles drin, was man braucht, danken, entschuldigen und bitten. Dieses Gebet ist geschrieben aus: glauben, lieben und hoffen.)

Anna-Maria und Julia

Lieber Gott, Bäume müssen wachsen. Und Menschen auch. Bloß es ist schwer, gut und friedlich zu wachsen. Wir sind nicht immer gut. Hilf uns, gut zu sein. Hilf uns zu wachsen. Amen.

Tatjana

Fabian

Lieber Gott im Himmel, bitte, bitte, verzeih mir, dass ich meine Freundin so schlecht behandelt habe. Es wäre toll, wenn du mir helfen könntest, mich bei ihr zu entschuldigen. Es wäre supernett von dir, wenn du so etwas für mich tun würdest. Vielen Dank, dass du mir zugehört hast. Dein Kind. Amen.

Lieber Gott, es ist schön, dass es dich gibt. Denn du hast die Welt erfunden, denn du hast die Menschen erfunden, denn du hast die Tiere erfunden und noch vieles, vieles mehr. Hättest du nicht nachgedacht, um etwas zu erfinden, wäre die Welt nicht da, wären die Menschen nicht da, die Tiere nicht da und die anderen Sachen auch nicht.

Luisa

Lieber Gott, ich möchte dir mal was sagen: Ich habe manchmal etwas Schlimmes gemacht, zum Beispiel ein Kind gehauen, aber das wollte ich nicht, oder meine Eltern angeschrien. Das wollte ich auch nicht, aber ich hoffe, dass du mir das verzeihst und dass ich trotzdem in den Himmel komme. Amen.

Mareike

Lieber Gott, ich habe schon dreimal deine Bibel durchgelesen und habe sehr viel von dir und Jesus gelernt.

Lars

Lieber Gott! Mach, dass ich immer Freunde habe, die mich verstehen und die mich lieb haben. Mach, dass ich bald ein gutes Haus und eine gute Frau bekomme. Außerdem will ich viele Kinder bekommen. Ich verspreche dir, dass ich immer nur Gutes tue. Amen.

Sebastian

Ich danke dir, dass mein Leben toll ist! Aber manchmal ist es nicht so toll: Wenn es regnet, ist es nicht so toll und wenn ich eine böse Tat gemacht habe, dann bekomme ich manchmal Ärger und das finde ich nicht toll. Auch wenn meine Mutter mich zur Welt gebracht hat, du Gott hast uns alle erschaffen. Amen.

Kim-Nora

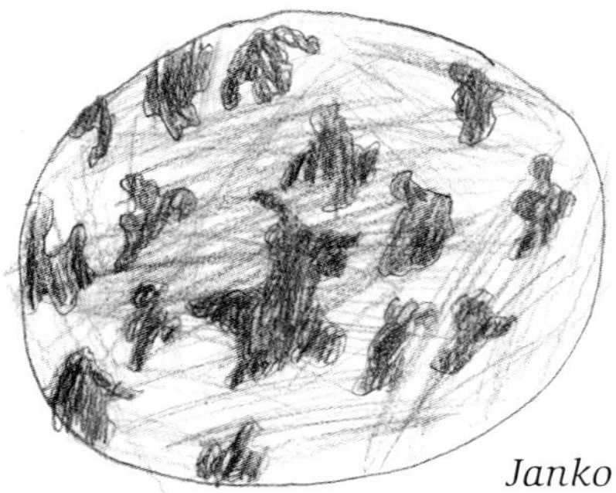

Janko

Lieber Vater im Himmel, es ist schön, sich mit anderen Kindern zu treffen und Geschichten von Dir zu hören, miteinander zu spielen, basteln, Wald- und Feldspaziergänge zu machen, die Natur zu genießen und miteinander zu essen und trinken. Lass uns nicht neidisch zum Nebenmann schielen, wenn Bonbons verteilt werden und dieser vielleicht ein Bonbon mehr hat als ich. Lehre uns zu teilen und auch anderen etwas zu gönnen. Bitte beschütze uns vor Bösem. Wir danken dir für unser Zusammenkommen. Amen.

(aus einem Kindergarten)

Lieber Gott, wir bitten dich, hilf allen, die Hilfe brauchen und lass alle, die einsam sind, jemanden finden, der für sie da ist. Wir bitten dich, dass alle Menschen in Frieden leben können. Schütze die Natur und schenk uns Liebe, Gesundheit, Glück und Freude. Wir bitten dich, lass uns nie allein und beschütze uns, wo wir auch sind. Amen.

Lieber Gott, unsere Klasse vermisst dich und unsere Lehrerin vermisst dich am meisten. Viel Glück, Gott.

Julia

Guter Gott,

oft messen wir uns an anderen Menschen
und ganz oft richten wir über andere.
Wir vergessen schnell, was Jesus über den Splitter
im Auge des Bruders und den Balken im eigenen Auge sagte.
Lehre uns, barmherzig und liebevoll miteinander zu leben.
Amen

Wenn ich allein bin …

Lieber Gott,

manchmal tut es gut,
wenn ich in aller Ruhe
nachdenken kann.
Dann kommen mir oft die besten Ideen.
Das macht Spaß.

Guter Gott,

verkriechen möchte ich mich manchmal.
Einfach weg sein.
So, dass mich keiner finden könnte.
Aber das ist schwer zu machen.

Lieber Gott,
manchmal möchte ich einfach nur
für mich alleine sein.
Dann will ich gar nicht
mitkriegen, was so passiert.

Es nervt, lieber Gott,
wenn man nie seine Ruhe hat.
Ich will eben manchmal
nicht reden
oder mitspielen oder was auch immer.
Es wäre schön,
wenn andere das verstehen würden.

Wenn ich mich einsam fühle: Lieber Gott, ich bin oft allein. In der Schule bin ich nicht so gut, denn ich habe schlechte Noten. Du bist der Einzige, der mich besonders mag. Du hilfst mir, alles zu überwinden. Dafür danke ich dir.

Diana

Lieber Gott! Ich bete im manchem Falle. Dann gehe ich zum Fenster und bete. Und wenn Krieg ist, bete ich. Und ich freue mich, dass ich einen kleinen Bruder habe. Amen.

Meike

Lieber Gott, meine Mama ist ganz ärgerlich wegen Fehler in Diktaten. Lass es bitte aufhören, bitte. Beschütze alle Tiere. Letztes Jahr war ich froh, weil ich Geburtstag hatte. Amen.

Marius

Gott, ich habe dich lieb! Das ist schade, dass wir keine zwei Stunden Religion haben. Darüber bin ich sehr traurig. Ich bin gerade dabei ein Gebet zu schreiben. Ich bitte dich, meine Mutter soll mich nicht mehr anschreien. Meine Schwester soll nicht nerven. Ich finde das gut, dass wir heute in die Stadt gehen, das ist gut. Amen.

Tobias

Lieber Gott, ich bin noch sehr klein und bitte dich, bei mir zu sein. Dann kann ich besser schlafen.

Riko

Christina

Lieber Gott, behüte mich mit deiner gewaltigen Hand. Ich werde immer an dich denken. Wenn ich alleine bin, dann kann ich mit dir beten, dann bin ich nicht mehr so allein. Auch wenn meine Freunde mir etwas wegnehmen oder andere Leute, dann kann ich zu dir beten und frage dich: »Was war denn da los?« Dann bin ich froh.

Tom

Ich bete am liebsten ganz alleine auf einer Wiese unter einem großen Baum.

Luca

Gott, verzeih mir. In der letzten Zeit habe ich viel gelogen und meine Freunde mies betrogen. Kein Mensch redet noch mit mir, vertraut mir nicht und wenn ich die Wahrheit sagen will, glaubt mir keiner. Ich habe keine Freunde mehr, alle kehren mir den Rücken zu, die ignorieren mich, lästern hinter meinem Rücken und der Lehrer nimmt mich auch nicht mehr dran. Bitte lieber Gott, verzeih mir, mach alles so, wie es früher war.

Annette und Helena

Lieber Gott, ich will nicht mehr Hausarrest haben. Amen.

Niklas

Lieber Gott, hör mal zu, ich habe eine große Bitte, kannst du mich nicht ein bisschen ruhiger machen, so dass ich nicht mehr beim Fußballtraining ausraste?

Jonas

Lieber Gott, ich möchte bitte nicht mehr brutal sein.

Gerrit

Lieber Gott, hör mir doch mal zu. Wenn du bei mir bist, dann fühl ich mich nicht einsam. Du bist immer bei mir in meinem inneren Herzen. Ja, du beschützt mich, damit mir nichts passiert. Wenn ich in einem großen Problem stecke, weiß ich, dass ich nie alleine bin. Denn du bist immer bei mir. Du bringst mir Fröhlichkeit in meiner Seele, denn du gibst immer auf mich Acht.

Wiebke

Lieber Gott, ich kann nicht schlafen, ich habe meinen Freund geärgert und dann ist er plötzlich weggefahren. Ich weiß nicht, wie ich mich wieder mit ihm vertragen soll. Bitte sag es mir. Amen.

Jannik

Lieber Gott, ich mag nicht mehr und kann nicht mehr. Die anderen Kinder mögen mich nicht. Ich möchte nicht mehr leben. Was muss ich tun, Gott?

Annika

Lieber Gott, ich war traurig, als ich meinem Bruder die Finger eingeklemmt habe. Danke, dass du mich verschont hast. Sonst hätte ich viel Ärger bekommen.

Kathrin

Halte zu mir, guter Gott. Halte zu mir, wenn ich mich traurig und verlassen fühle. Halte die Hände über mich, wenn ich wütend auf jemanden bin. Gibt es Ärger oder Streit, dann hilf mir, der Klügere zu sein und so weiß ich doch, dass du immer bei mir bist und mir hilfst. Alles was du für mich tust, schätze ich sehr. Du, mein Vater. Amen.

Nadia

Guter Gott,

wir brauchen manchmal die Stille und die Abgeschiedenheit.
Wir brauchen auch die Zeit für das Alleinsein.
Lass uns dafür die Zeit und den Raum finden.
Gib uns gute Gedanken und Zeit zum Träumen.
Amen

Wir sind alle einmalig

Lieber Gott,

es gibt so viele Menschen.
Alle sehen anders aus.
Alle denken auch was anderes
und alle fühlen unterschiedlich.
Es ist schön,
dass ich auch etwas Besonderes bin.
Amen

Lieber Gott,

mich gibt es nur einmal auf der Welt.
Das ist ein Wunder.
Weil nur ich zu mir »Ich« sagen kann.

Lieber Gott,
manchmal möchte ich einfach so sein
wie alle anderen.
Ich möchte mich gar nicht
von anderen unterscheiden.
Aber ich merke,
ich bin einzigartig.
Das macht das Leben nicht immer einfach.

Guter Gott,
je genauer ich etwas ansehe
desto verzwickter erscheint es mir.
Die Welt ist nicht einfach.
Und die Menschen auch nicht.
Hilf mir, die Welt zu verstehen.
Amen

Danke Gott für den Gutenachtkuss meiner Mama, dafür, dass ich zur Schule gehen kann, dafür, dass die Sonne scheint.

Sabrina

Lieber Gott. Ich freue mich, dass es uns so gut geht und das es bei uns keinen Krieg gibt. Und das ich das kleine Hufeisen geschafft habe. Und das es meinen 4 Hamstern gut geht.

Julia

	Alle stehen im Kreis
Gottes guter Segen	*Handflächen vor Körper halten und langsam nach oben strecken*
ist wie ein warmer Regen.	*Oben Handflächen drehen und mit Fingern Regen spielen – dabei langsam die Arme senken*
Wie Sonne, die uns wärmt und Kraft, die alle stärkt.	*Mit beiden Armen eine große Sonne zeichnen und Arme danach vor Brust kreuzen*
So bleibe Gottes Segen auf allen unseren Wegen,	*Arme wandern langsam runter und man fasst sich an*
bis wir uns wiedersehen	
Amen	*Kleine Verbeugung*

(aus einem Kindergottesdienst)

Lieber Gott, ich hoffe, dass es dir gut geht. Mir geht es auf jeden Fall gut. Ich wollte ein bisschen Gesellschaft finden. Amen.

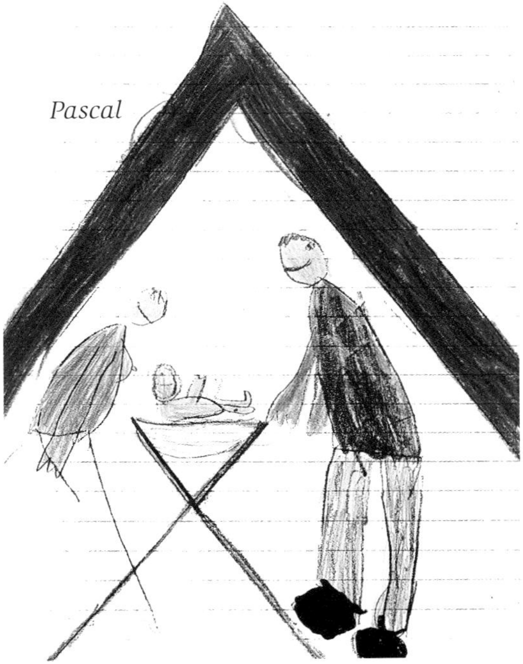

Lieber Gott, du wohnst bei mir, bist immer da, wenn ich dich brauche. Und wenn auch andere Leute mich ärgern, dann bist du da und hilfst mir. Du gibst mir Mut und bist mir nah. Ich danke dir, dass du immer bei mir bist. Ich möchte einmal bei dir sein, denn nur bei dir, da ist es gut. Du gibst mir, was ich brauche. Danke, dass du mich beschützt, wenn ich Angst habe vor wilden Tieren oder Menschen, die mich nicht leiden können. Danke, dass du mich gewollt hast. Wir Menschen sind oft nicht ehrlich zueinander und lügen. Doch dann können wir zu dir kommen und um Gnade und Verzeihung bitten. Und dein Brief »die Bibel« ist unsere Lösung. Da können wir, wenn wir nicht weiterwissen, alles nachlesen. Amen.

(Dieses Gebet habe ich an einem Mittwoch Nachmittag geschrieben. Ich bete es abends im Bett, kurz vor dem Einschlafen. Es ist am Tag entstanden.) Anna

Lieber Gott, hör mir mal zu! Ich danke dir sehr dafür, dass ich einen Hund bekommen habe. Bitte mach es, dass Sammy noch ganz lange bei uns bleibt. Dass meine Geschwister, Eltern und meine Omas und Opas gesund bleiben und noch ganz lange leben. Und beschütze unser Pferd Amross.

(Als unser Pony verkauft wurde, habe ich mir gedacht: Jetzt betest du jeden Abend dafür, dass unsere anderen Tiere länger bei uns bleiben dürfen.)

Insa

Herr Gott, ich hoffe, dass meine Ersatzoma bald wieder ohne Krücken laufen kann.

Melanie

Lieber Gott, bitte mach mir einen schönen Tag. Bitte lass mich nicht so schnell sterben. Danke, dass ich Fußballspielen kann und dass ich lernen kann. Danke, dass Deutschland fast Fußballweltmeister geworden ist. Danke für die Technik. Amen.

Henning

Lieber Gott, du beschützt uns Tag und Nacht. Jeden Mensch. Groß und klein, dick und dünn, alt und jung. Für immer und ewig. Du bist der Herr der Erde. Du stehst einem immer bei, in guten und in schlechten Zeiten. Dir verdanken wir das Leben auf der Erde. Amen.

Anna

Nachmittagsgebet: Gott kennt uns. Gott hat uns erschaffen. Er kennt uns mehr als wir uns selbst. Er beschützt uns Tag und Nacht, jeden Menschen, ob bös', ob lieb. Gott mag dicke, dünne, schöne, alle Menschen dieser Welt. Amen.

Tanja

Lieber Gott, ich danke dir für diesen schönen Tag. Lieber Gott, ich danke dir, dass ich nicht hingefallen bin. Ich danke dir, weil du mich erschaffen hast, damit ich essen, trinken, schlafen und spielen kann. Ich danke dir für alles.

Lisanne

Danke! Lieber Gott, danke, dass an meinem Geburtstag so schönes Wetter war. Danke, dass du, wenn ich in Gefahr bin, immer auf meiner Seite bist. Amen.

Jana

Gott hat ein großes Herz für alle Kinder! Amen.

Sophie

Lieber Gott, ich danke dir, du bist immer gut zu mir. Und damit das auch so bleibt, schenk ich dir ganz viel Fröhlichkeit.

Tabea

Gott hat alle lieb. Egal, wen ich doof finde, hat er lieb, ich bete auch jeden Abend für die, die ich blöd finde.

Judith

Danke, dass ich im Cockpit eines ICE mitfahren durfte. Lieber Gott, ich bete immer für dich. Danke, dass ich in einem schönen Haus wohne und viele Freunde habe.

Benjamin

Lydia

Guter Gott,

jeden Menschen hast du einzigartig geschaffen.
Jedem hast du besondere Gaben gegeben.
Hilf uns, aneinander diese Gaben zu entdecken
und füreinander da zu sein.
Amen

Nachwort

Beten ist leicht

Eigentlich bedeutet Beten doch nur: die Hände falten und mit Gott reden. Das kann doch jeder und jede. Dazu braucht niemand besondere Vorkenntnisse, kein Theologiestudium oder gar irgendwelche Bücher.

Als ich ein Kind war, erlebte ich das ganz einfache, schlichte Gebet bei meiner Großmutter. Wenn meine Schwester und ich dort waren, dann gehörte das Abendgebet im Bett zum Tagesrhythmus dazu wie das Essen und Spielen. Meine Oma kannte viele Gebete – so schien es mir – und ganz besonders beeindruckend war es, dass sie alle diese Gebete auswendig kannte. Es waren Liedverse oder Gedichtteile. Vor allem aber waren es Texte, die den tiefen Glauben meiner Großmutter widerspiegelten. Sie lebte in einer Tradition großer Kirchlichkeit. Gottvertrauen war ihr sozusagen zur zweiten Haut geworden. Und so waren diese Gebete abends im Bett immer geprägt von einer großen Nähe und Dichte. Ich erinnere mich an das Gefühl, dass wir alle zusammen gehören und dass Gott mit dazugehört.

Das spürten meine Schwester und ich nicht nur beim Abendgebet, sondern – vielleicht noch stärker – wenn wir morgens noch im Schlafanzug in die warme Stube stapften, wenn Oma die Zöpfe meiner Schwester flocht, wenn sie uns Kindern die neue Mecki-Geschichte aus der Zeitung vorlas und wenn sie schließlich das Kalenderblatt des Neukirchener Kalenders leise flüsternd für sich selbst durchlas. Die Erinnerung an die Wärme dieser Tage, hat mich mein ganzes Leben bisher begleitet. Es bietet mir sozusagen das Grundmuster für alles, was ich mit Glauben verbinde. Ein tiefes Gefühl von »Getragensein« hat sich mir eingeprägt.

Da ist dann auch das Beten nichts Fremdes, Ungehöriges oder gar Zwanghaftes. Beten wurde zu einem Gespräch mit Gott wie mit einem Freund. Beten war ganz leicht, weil es aus dem Leben kam und zum Leben dazugehörte.

Beten ist schwer

Heute ist nichts mehr so wie damals. Im Vergleich zu meiner Kindheit hat sich vieles für heutige Kinder und Familien verändert. Kirchlichkeit und christlicher Glaube sind nicht mehr selbstverständlich (im Sinne von: »aus-sich-selbst-heraus-verständlich«). Die Frömmigkeit meiner Großmutter war in gewisser Weise naiv, kindlich also. Und diese naive Unbefangenheit hat sich auf uns Kinder damals übertragen.

Heute leben Kinder und Familien in viel komplexeren Beziehungsgeflechten und mit viel stärkeren Einflüssen der sozialen und medialen Umgebung. Die Traditionen christlicher Lebensformen sind weitgehend zerbrochen. Man spricht heute von der »zweiten Generation des Traditionsabbruchs«, das heißt: Kinder erleben Eltern, die selbst schon keine oder nur geringe religiöse Traditionen mitgebracht haben. Jedenfalls sind viele christliche Frömmigkeitsformen eben nicht mehr selbstverständlich. Das Tischgebet, das viele Kinder gar nicht mehr kennen, ist dafür ein untrügliches Zeichen.

So ist das Gebet zu einer scheinbar schwierigen, unbekannten Kunstform geworden; zu einer Sache, die Überwindung kostet und Mut verlangt. Manchen Eltern oder Erziehenden erscheint das Beten mit den Kindern vielleicht sogar peinlich ...

Wir haben nicht alles in der Hand

Beim gemeinsamen Beten wird etwas ganz Einfaches sehr deutlich: Ich vertraue mich Gott an. Nicht alles hängt von mir und meiner Kraft ab. Ich bin gehalten von Gott. Für Kinder bedeutet die Entdeckung, dass auch die Eltern nicht alles machen können, einen wichtigen Entwicklungsschritt. Eltern sind nicht allmächtig. Mama oder Papa brauchen Gott genauso wie ich. Das Gebet stiftet so die Gemeinschaft der Gott-Vertrauenden, der Glaubenden.

Für die Kinder wird also spürbar: Wir hängen nicht nur als Familie aneinander, sondern wir gehören auch alle zu Gott und er gehört zu uns; wir verlassen uns auf Gott und fühlen uns bei ihm geborgen.

Was ist eigentlich Glaube?

Beim Auto fahren haben Sie sicherlich schon einmal folgende Situation erlebt: Sie fahren auf einer geraden Straße leicht bergan. Sie sind diese Straße noch nie gefahren. Mit einem Mal sind sie an der Bergkuppe. Sie sehen nur noch einige Meter Straße vor sich – und danach nicht mehr als den Himmel. Aber sie glauben ganz sicher, dass die Straße hinter der Bergkuppe weitergeht, denn so böse kann doch kein Straßenbauer sein, dass er plötzlich die Straße aufhören lässt?!

Diese Erfahrung beschreibt für mich das, was Glauben ist. Das Vertrauen und die Hoffnung darauf, dass uns hinter dem Horizont eine Zukunft erwartet. Und Beten ist dann so etwas, wie der Blick hinter den Horizont. Beten ist das Reden mit Gott, der uns unsichtbar doch ganz nahe ist, der uns nicht allein lässt.

Dieses Gefühl der Geborgenheit, dieser Glaube, braucht immer wieder Bestätigung. Das geschieht eben auch durch das Beten. Darum sollte das Gebet nicht eine einmalige oder seltene Praxis in der Familie sein, sondern ein Ritual, das zum Leben dazugehört. Kinder erfahren durch die Wiederholung und durch die Wiederholbarkeit, die sich auch in ganz bestimmten Formen und Sprechweisen zeigt, Sicherheit und Geborgenheit.

Kann man Beten lernen?

Ja. Es ist zunächst ein Lernen durch Abgucken. Bei ganz kleinen Kindern, selbst bei denen, die noch gar nicht sprechen können, wird sich schnell mit dem Händefalten eine bestimmte Stimmung verbinden. Wenn diese kleinen Kinder entdecken, Mama oder Papa sind jetzt ganz dicht bei mir und sie reden zu »Gott«, dann werden sie mit der Geste des Händefaltens eine besondere Dichte und Nähe verbinden.

Die einjährige Marieke hat genau am Morgen des 80. Geburtstags ihrer Urgroßmutter einen bösen Unfall. Sie klemmt sich zwei Finger ihrer rechten Hand. Es gibt Tränen und Aufregung.

Marieke wird schnell ins Krankenhaus gefahren. Die Hand wird geröntgt. Glücklicherweise ist es kein Bruch. Trotzdem wird die Hand mit einem großen Verband umwickelt. Am Nachmittag ist Marieke wieder munter und fröhlich und feiert den Geburtstag mit. Der Verband scheint sie gar nicht besonders zu behindern. Dann wird es Abend und Marieke wird ins Bett gebracht. Erst jetzt bemerkt sie ihre Behinderung. Und jetzt gibt es wirklich bittere Tränen. »Marieke tat mir so Leid und es rührte mich richtig an, wie sie versuchte, ihre Hände zu falten – und es ging nicht. Ich habe sie gestreichelt und dann mit ihrer linken und meiner rechten Hand gebetet«, erzählt ihre Mutter später. Marieke hatte vermutlich Angst, dass ein wichtiger Teil ihres Abendrituals ausfallen müsste. Glücklicherweise hat die Mutter klug und gefühlvoll reagiert.

Wenn Kinder größer und sprachfähiger werden, lernen sie Beten durch Abgucken und Abhören. Der Sprachstil der Eltern oder der Erziehenden und ihre innere Haltung wird zu einem Muster, an dem sich die Kinder orientieren. In dieser Phase ist es wichtig, wirklich ein vertrauensvolles »Reden wie mit einem Freund« zu pflegen. Für Kinder ist es manchmal leichter, ein gereimtes Gebet zu sprechen – aber ein größeres Maß an innerer Beteiligung ist sicherlich durch frei formulierte Gebete zu erreichen. Das beweisen die vielen Kindergebete, die Sie in diesem Buch finden.

Es wird im Laufe der Zeit dazu kommen, dass Kinder nicht mehr am abendlichen Ritual hängen oder sich einfach für »zu groß« halten. Ob sie dann beten und wie sie das tun, haben Eltern und Erziehende nicht mehr in der Hand. Aber wenn wir ihnen als Fundament das vertrauensvolle »Mit-Gott-reden-können« vermittelt haben, dann wird den Kindern das Beten vielleicht sogar lebenslang eine Selbstverständlichkeit bleiben.

Der Glaube ist nach christlicher Überzeugung immer ein Geschenk.

Wir können ihn nicht einfach anerziehen. Gott selbst wirkt dabei mit und sein heiliger Geist.

Wir können nur den Boden bereiten: Offenheit, Freiheit und Liebe vermitteln.

Aber das ist schon ganz viel.

Ein paar Gedanken zu vermeidbaren »Fehlern« beim Beten

Machen Sie Gott nicht zum »Macher«.
Beten Sie nicht mit dem erhobenen Zeigefinger.
Bleiben Sie echt.

- Das Gebet ist kein Wunschautomat, in den wir auf der einen Seite unseren Wunsch hineinsprechen und wo auf der anderen Seite dieser Wunsch sofort in Erfüllung geht. Gott ist nicht der Macher, der alle unsere Wünsche erfüllt. Kinder wären sehr enttäuscht, wenn ihre Wünsche nicht in Erfüllung gingen. Dieses Bild von Gott als »Wunscherfüller« entspricht auch nicht unserem christlichen Glauben. Danach ist das Gebet nämlich mehr; es ist auch Klage, Fürbitte, Dank und Lob. Und Gott ist der, dem wir alles sagen können. Er ist größer und weiter als wir denken – und auch immer wieder anders als wir vermuten.

- Beten mit dem erhobenen Zeigefinger bedeutet: Gott wird von den Eltern als zusätzlich Miterziehender missbraucht. In dem Satz »der liebe Gott sieht alles« drückt sich diese fatale Grundhaltung schon aus. Da wird Gott verstanden wie »big brother«, dem nichts verborgen bleibt und der dann strafend eingreift, wenn die Kinder Unfug gemacht haben. Diese Grundhaltung begründet nicht etwa Vertrauen zu Gott, sondern eher Angst vor Gott. Das kann nicht wirklich unsere Absicht sein …

- Bleiben Sie echt, bleiben Sie sich treu – auch in Ihrer Sprache. Kinder merken sehr gut, ob das, was die Großen sagen, auch aus der Tiefe des Herzens kommt. Gestammelte Ehrlichkeit ist beim Beten allemal besser als formvollendetes Schauspiel. Beten Sie einfach.

Die Gebete wurden eingereicht von:

Albert-Schweitzer-Grundschule, Hannover
Albert-Schweitzer-Schule, Osnabrück
Alte Stadtschule Winsen, Winsen
Altendorfer Grundschule, Nordhorn
Anne-Frank-Schule, Rosdorf
Astrid-Lindgren-Schule, Clenze
Bonhoeffer-Kindertagesstätte, Wolfsburg
Brüder-Grimm-Schule, Hann Münden
Clemensschule Wesuwe, Haren/Ems
Daalerschule, Leer
Epiphanias-Kirchengemeinde, Hannover
Erich-Kästner-Schule, Wolfsburg
Ev. Jugend Otterndorf, Otterndorf
Ev. Kindergarten Barolfelde, Bad Lauterberg
Ev. Kindergarten Roßbach, Witzenhausen
Ev. Kindergarten Steinbergen, Rinteln
Ev. Kindergarten, Kalefeld
Ev. Kindergarten, Victorbur
Ev. Kindertagesstätte Ovelgönne »Hummelnest«, Hambühren
Ev. Kindertagesstätte St. Katharinen, Osnabrück
Ev. Kindertagesstätte St. Marien, Loxstedt
Ev. Kirchenfunk, Hannover
Ev. Kirchengemeinde »Die Arche«, Stolzenau
Ev. Kirchengemeinde Hedemünden, Hann Münden
Ev. Kirchspiel Biederitz, Biederitz
Ev. Lukas-Kirchengemeinde Posthausen, Ottersberg
Ev. Pfarramt Letzlingen, Letzlingen
Ev.-luth. Kindergarten Arche Noah, Lachendorf
Ev.-luth. Kindergarten, Hambühren
Ev.-luth. Kirchengemeinde Horsten, Kinderkirche 6 bis 10, Horsten
Ev.-luth. St. Viti-Gemeinde, Didderse
Ev.-luth. Titusgemeinde Barienrode, Diekholzen

Fr. Busse-Schule, Sibbesse
Gelbrinkschule, Lönningen
Georg-Ruseler-Schule, Varrel
Gerhard-Hauptmann-Schule, Northeim
Grundschule Achtum, Hildesheim
Grundschule Adendorf, Adendorf
Grundschule am Lerchenberg, Wesendorf
Grundschule am Sandberge, Hannover
Grundschule an der Sieber, Hattorf
Grundschule Bad Bodenteich, Bad Bodenteich
Grundschule Balge, Marklohe
Grundschule Beethovenstraße, Delmenhorst
Grundschule Bippen, Bippen
Grundschule Bockenem, Bockenem
Grundschule Brandlecht, Nordhorn
Grundschule Comeniusschule, Hannover
Grundschule Deichhorst, Delmenhorst
Grundschule Dissen, Dissen
Grundschule Dörverden, Dörverden
Grundschule Dransfeld, Dransfeld
Grundschule Edemissen, Edemissen
Grundschule Edewecht, Edewecht
Grundschule Filsum, Filsum
Grundschule Fintel, Fintel
Grundschule Fuhrbach, Duderstadt
Grundschule Fullen, Meppen-Fullen
Grundschule Ganspe, Berne
Grundschule Georgsdorf, Georgsdorf
Grundschule Großenkneten, Großenkneten
Grundschule Hardegsen, Hardegsen
Grundschule Hellern, Osnabrück
Grundschule Hindenburgstraße, Diepholz

Grundschule Holtermoor, Ostrhauderfehn
Grundschule Horst, Garbsen
Grundschule Horst, Seevetal
Grundschule Ilmenaustraße, Braunschweig
Grundschule Kaltenweide, Langenhagen
Grundschule Kirchdorf, Kirchdorf
Grundschule Kirchgellersen, Kirchgellersen
Grundschule Kirchhammelwarden, Brake Unterweser
Grundschule Klein Heidorn, Wunstorf
Grundschule Kleinburgwedel, Kleinburgwedel
Grundschule Krähenwinkel, Langenhagen
Grundschule Kührstedt/Ringstedt, Ringstedt
Grundschule Lage, Lage
Grundschule Langförden, Vechta
Grundschule Leerhafe, Wittmund
Grundschule Lemförde, Lemförde
Grundschule Lohne, Wietmarschen
Grundschule Lohne, Wietmarschen-Lohne
Grundschule Lüchow, Lüchow
Grundschule Luthe, Wunstorf
Grundschule Mardorf, Neustadt
Grundschule Marklohe, Marklohe
Grundschule Markoldendorf, Dassel
Grundschule Meterstraße, Hannover
Grundschule Neuengroden, Wilhelmshaven
Grundschule Nortrup, Nortrup
Grundschule Parsau, Parsau
Grundschule Paulusschule, Haselünne
Grundschule Plate, Lüchow
Grundschule Poggenhagen, Neustadt
Grundschule Ramelsloh, Seevetal
Grundschule Röddenberg, Osterode
Grundschule Sebexen, Kalefeld
Grundschule Sietland, Ihlienworth
Grundschule Sittensen, Sittensen
Grundschule Sorsum, Hildesheim
Grundschule Spetzerfehn, Spetzerfehn
Grundschule Stadtmitte, Bremervörde
Grundschule Stapelmoorheide, Weener
Grundschule Steimbke, Steimbke
Grundschule Steinbeck, Buchholz/N.
Grundschule Steinhude, Wunstorf
Grundschule Sülfeld, Wolfsburg
Grundschule Varrel, Varrel
Grundschule Vögelsen, Vögelsen
Grundschule Wahrenholz, Wahrenholz
Grundschule Westerholt, Westerholt
Grundschule Wettbergen, Hannover
Grundschule Wieren, Wieren
Grundschule Wiesmoor, Wiesmoor
Grundschule Wymeer, Wymeer
Grundschule, Jameln-Breselenz
Gudrun-Pausewang-Grundschule, Burgdorf
Hermann-Billung-Schule, Soltau
Hortkinder der Kindertagesstätte St. Martin/Geismar, Göttingen
Josef-Guggenmos-Grundschule, Bremervörde-Hesedorf
Kinderclub der ev.-luth. Johannesgemeinde Chabarowsk, Russland
Kindergottesdienst Bülkau/Oppeln, Bülkau
Kindergottesdienst der Auferstehungsgemeinde, Bremervörde
Kindergottesdienst der Kreuzkirchengemeinde, Osterode
Kindergottesdienst Derental, Fürstenberg
Kindergottesdienst Friedland, Friedland
Kindergottesdienst Hehlen, Hehlen
Kindergottesdienst Höckelheim, Northeim
Kindergottesdienst Horneburg, Horneburg
Kindergottesdienst Meinersen, Meinersen
Kindergottesdienst Meinsen, Bückeburg
Kindergottesdienst Menzen/Süstedt, Süstedt

Kindergottesdienst Neindorf/Almke, Wolfsburg

Kindergottesdienst Nette, Bockenem-Nette

Kindergottesdienst Nikolausberg, Göttingen

Kindergottesdienst Offensen, Uslar

Kindergottesdienst Oldenstadt und Groß Liedern, Uelzen

Kindergottesdienst Pankratius-Gemeinde Hehlingen, Wolfsburg

Kindergottesdienst Remels, Uplengen

Kindergottesdienst Reppenstedt, Reppenstedt

Kindergottesdienst St. Gertrud, Cuxhaven

Kindergottesdienst St. Johannis, Tülau

Kindergottesdienst Thedinghausen, Thedinghausen

Kindergottesdienst Vorwerk, Vorwerk

Kindergottesdienst Wiepenkathen, Stade

Kindergottesdienst, Coppenbrügge

Kindergottesdienst, Seelze

Kindergottesdienst, Wittmund-Ardorf

Kindergottesdienst-Team Bodenwerder, Bodenwerder

Kindergottesdienst-Team Lüntorf, Emmerthal

Kindergottesdienst-Team Schinna, Stolzenau

Kinderkirche Asel, Drochtersen

Kinderkirche Georgsgemeinde, Uelzen

Kinderkirche Harpstedt I, Harpstedt

Kinderkirche Herberhausen, Göttingen

Kinderkirche Seckenhausen, Stuhr-Seckenhausen

Kinder-Kirchen-Treff Christopherusgemeinde, Göttingen

Kindertadesstätte Christopherus, Kaarßen

Kindertagesstätte Holtgaste, Jemgum

Kindertagesstätte »Lummerland«, Cuxhaven

Kindertagesstätte Nazarethgemeinde, Hannover

Kirchengemeinde Hohnstedt, Northeim

Kirchspiel Hohnsen-Herkensen, Coppenbrügge

Löwenzahnschule, Moringen

Margarethen-Gemeinde, Gehrden

Marienkäferschule, Bahrdorf

OS Groß Schneen, Friedland

Overbergschule, Voltlage

Paul-Gerhardt-Schule, Cloppenburg

Paul-Gerhardt-Schule, Lingen

Regenbogen-Grundschule, Braunschweig

Sandhorstschule, Melle

Schule im Bosteler Grund, Winsen-Luhe

Schule im Kirchtal, Northeim

SELK, Immanuels-Gemeinde, Groß Oesingen

St. Lukas Kirchengemeinde Lauenau, Lauenau

St. Nicolai Kindergarten, Coppenbrügge

Stüveschule, Osnabrück

Theodor-Heuss-Schule, Ronnenberg-Empelde

Verlässliche Grundschule Burhave, Butjadingen

Volle Halbtagsschule, Grundschule Widukindland, Osnabrück

Wiesenschule, Buchholz

und viele einzelne Einsendungen

Vielen Dank.

Danke
Lieber
Gott